MEMOIRE
en Images

LE QUEVILLY

LE DERNIER PETROLIER A VOILES

Le Quevilly passe à Caudebec. On aperçoit, sous les canots de sauvetage, les deux coffres. Des passerelles latérales les enjambaient pour favoriser la circulation sur le voilier.

MEMOIRE
en Images

LE QUEVILLY

LE DERNIER PETROLIER A VOILES

Frédéric David

ALAN
SUTTON

Editions Alan Sutton
21, avenue de la République
37300 Joué-lès-Tours

Première édition décembre 1996

ISBN 2-84253-025-X

Dépôt légal : décembre 1996.
Imprimé en Grande-Bretagne par
Redwood Books Limited, Trowbridge.

Table des matières

Remerciements

Je tiens à remercier monsieur Druet-Lebas qui m'a livré sa monographie sur le *Quevilly* avec une grande gentillesse, monsieur Lacaille pour divers documents et renseignements qu'il possédait sur le sujet, monsieur et madame Gonouf pour deux cartes postales introuvables, la famille Chesneau pour le prêt de divers clichés sur le lancement du *Quevilly*, mademoiselle Boismare pour quelques traductions d'anglais particulièrement épineuses, monsieur Pedersen pour des traductions du norvégien, monsieur et mademoiselle Gouge qui m'ont prêté de nombreux documents concernant leur grand-père, le capitaine Lagnel, madame Manneville pour des documents ayant trait au capitaine Cousin, monsieur Cabot pour de nombreux renseignements concernant son père, marin sur le *Quevilly*, monsieur Rouxel pour des documents relatifs à son père, second-maître sur le *Quevilly* et le musée maritime et fluvial de Rouen.
Et tout particulièrement Nadia Renard pour ses traductions de l'allemand, sa relecture du manuscrit et son aide de chaque instant.

Le *Quevilly* en remorque, en 1900, sur la route du Havre. Une ligne de faux-sabords est peinte le long de la coque, en hommage à l'ancienne marine de guerre. Le Quevilly se distingue des voiliers de la maison Bordes, par l'absence de ligne noire sous les sabords.

Introduction

A la fin du XIXe siècle, de grands navires à voiles remontaient encore la Seine jusqu'à Rouen. Certes, la vapeur n'allait pas tarder à triompher définitivement de la voile, pourtant, la construction de grands navires à voiles n'avait de cesse en cette fin de siècle, particulièrement dans les chantiers normands de Grand-Quevilly.

En 1897, un quatre-mâts barque portant le nom de *Quevilly* voit le jour sur ces chantiers, dont la majorité des travailleurs sont d'authentiques Quevillais. Ce quatre-mâts est destiné au transport du pétrole dont l'Europe est de plus en plus demandeuse. C'est ainsi que, pendant 23 ans, les Rouennais vont prendre l'habitude de humer l'air de Philadelphie et de la mythique Amérique par le biais de leur bateau fétiche. L'histoire du *Quevilly* épouse totalement celle de la fin de la marine à voile.

C'est un peu dans cet estuaire de la Seine que se termine l'histoire millénaire des bateaux mus par le vent. Le *Quevilly*, dernier témoin d'une époque révolue, nous rappelle la fascination qu'exercèrent ces grands navires sur les hommes.

C'est l'aventure de ce bateau que je souhaite ici retracer, à partir des dangers qui le menaçaient tout le long de la Seine, puis près des côtes et, enfin, en haute-mer.

Mais c'est également celle des hommes qui le manoeuvraient, souvent au prix des pires souffrances. C'est l'histoire aussi d'un monde qui, au tournant du siècle, allait vivre une formidable mutation technologique et de ses moyens de transport. Enfin, c'est l'histoire d'une région et d'un pays plongés dans la Première Guerre mondiale qui allait précipiter la fin des grands bateaux à voiles.

Le *Quevilly* fut probablement le voilier auquel Rouennais et Dieppois étaient le plus habitués. Son retour en terre normande était salué régulièrement par la foule subjuguée par son imposante beauté. L'image de ses grands mâts, au-delà du plaisir esthétique qu'elle procurait, montrait la bonne santé du port de Rouen et, loin d'apporter le désordre et la peur du trois-mâts brésilien du "*Horla*" de Maupassant, aperçu des hauteurs de Croisset, le *Quevilly* devait rassurer ces hommes qui, à l'aube du siècle nouveau, trouvaient dans ce bateau déjà anachronique une image stable et sécurisante.

Pour le centenaire de la construction de ce voilier, il est peut-être temps de se rappeler que Rouen a produit un des navires parmi les plus achevés de la légende de la voile. Les hardiesses techniques du quatre-mâts rivalisèrent avec la pureté de ses formes, et, à notre époque qui a tant besoin de racines, il semble impératif de se souvenir de ce que l'on a produit de meilleur.

Bien sûr, les derniers témoins visuels du bateau ont maintenant disparu, mais des témoignages d'époque, ainsi que celui des enfants de marins du *Quevilly*, ont pu être recueillis. Les archives peuvent parfois corroborer ces informations et c'est en croisant des sources multiples que l'on parvient à avoir une représentation claire de ce voilier. Cependant, bien des zones d'ombre subsistent et des erreurs peuvent se transmettre et prendre forme parfois de réalité.

La maquette d'architecte du *Quevilly* a été conservée. La mairie de Grand-Quevilly a eu l'heureuse idée de la racheter. Elle trône aujourd'hui dans le hall de l'hôtel de ville. Le musée de la Marine de Paris possède aussi une maquette ancienne du *Quevilly* sous voiles. Quant à l'écrivain Jean de la Varende, il confectionna une maquette, que l'on peut encore voir dans son château de Chessac. Il la réalisa sous les yeux émus du capitaine Cousin. L'église de Bonsecours détient aussi un ex-voto du *Quevilly* encore visible. Le capitaine Lagnel, lui-même, entreprit la construction d'un *Quevilly* dans une bille de bois, mais cette sculpture reste inachevée. Aux nombreuses maquettes du voilier possédées par des particuliers, on peut ajouter le travail de marin qui se trouve dans la mairie de l'île d'Arz et l'imposante maquette de la mairie de Canteleu qui cependant n'est pas à l'échelle.

I

Un navire fait pour durer

L'adieu au *Quevilly* : «Le chant du cygne de la marine à voiles»

L'occupation de la Rhur vient d'être décidée par le Parlement français, c'est ce même jour du 22 avril 1923 qu'à Val-de-la-Haye, jolie petite commune du bord de Seine, tout près de Rouen, une modeste cérémonie se déroule sur un grand bateau à voiles. Le *Quevilly*, un magnifique quatre-mâts, domine de sa haute mâture pavoisée toutes sortes de bateaux désarmés, qui, pour la plupart, se préparent à partir pour la casse. Ce n'est pas le destin du *Quevilly*, car il est vendu ce jour même, officiellement, à un armateur norvégien, mais las, il perd par la même occasion ce qui fait sa beauté. Ses mâts sont destinés à être abattus, il ne sera plus qu'un bateau à moteur... un bateau ordinaire.
Une cérémonie de transfert de pavillon se tient à bord du *Quevilly* ce jour-là. Le navire a hissé de nombreux pavois le long de ses vergues mais cette dernière coquetterie ne trompe pas l'assistance, on sait bien que derrière ce bateau qui change de destination, c'est tout un monde qui disparaît et qui ne reviendra plus. Tout le "gratin" du port de Rouen est présent : monsieur Barillon, ingénieur en chef des Ponts et Chaussées et chef d'exploitation du port, monsieur Athané, capitaine du port, le pilote major monsieur Dupendant et l'armateur Heuzey, les représentants des assurances, monsieur Lefebvre du bureau Véritas et monsieur Reed de la Leed Register. Mais aussi le chef de la direction des douanes, et l'expert des tribunaux maritimes. Tout ce petit monde se tient dans le "carré" du voilier.
Bien sûr, les Norvégiens sont présents, le consul, monsieur Zachariasen, et le chancelier du consulat, mais surtout le nouveau propriétaire, monsieur Christophersen. Cependant, la cérémonie semble bien intime et n'attire pas la grande foule de l'agglomération rouennaise. Fait curieux, une cérémonie pour un lancement de navire est une chose commune, mais pour une radiation de la flotte française, ce genre de réunion est très inhabituelle. Monsieur Heuzey, l'ancien propriétaire, durant son allocution, justifie son choix : "*il m'a semblé que ce beau navire, fidèle habitué du port*

de Rouen depuis 25 ans, avait droit à un adieu spécial".

Mais qu'est-ce qui peut donc tant distinguer ce bateau des autres ? "*Le Quevilly est et demeure le plus beau des quatre-mâts de la marine française*" reprend son propriétaire. Certes, les riverains de la Seine du Havre jusqu'à Rouen connaissent bien ce bateau. Son retour dans les ports de Dieppe, du Havre et de Rouen a l'habitude d'attirer les regards. Les cartes postales du début du siècle attestent de l'intérêt que portaient nos prédécesseurs au *Quevilly*. Les quais étaient noirs de monde quand il remontait la Seine. La marine à vapeur triomphe déjà dans la deuxième moitié du XIXe siècle, la voile semble avoir perdu la partie dès 1870, mais la marine à voiles ne finit pas de mourir. Régulièrement, quand on croit qu'elle est définitivement dépassée, la construction de nouveaux bateaux à voiles prouvent le contraire ! Mais les gens savent bien, depuis longtemps, que la voile commerciale va mourir, doit mourir, victime du progrès technique. Et pourtant, ce bateau si esthétique, si majestueux, hante le port de Rouen, les appontements de Quevilly, de Biessard et bien d'autres lieux longtemps... si longtemps qu'on en oublie que cela aura une fin.

Mais cette fois-ci, on a compris, les pratiques millénaires de la navigation à voiles, c'est un peu à cet appontement de Val-de-la-Haye qu'elles vont prendre une fin. Symboliquement, c'est quand monsieur Ford va sortir de façon massive sur ses chaînes de montage sa fameuse Ford T, en 1920, que les derniers bateaux à voiles de commerce vont prendre leur retraite. Le moteur ne fait pas bon commerce avec la voile. Exit les enfants d'Eole, c'est maintenant Vulcain qui commande. Le journaliste de *la Dépêche de Rouen*, qui assiste à la cérémonie, ne s'y trompe pas. Il qualifie le *Quevilly* de "*vaisseau à la mode du bon vieux temps, perdu dans les fouillis des armatures modernes pratiques et sans élégance*".

On a compris, la vitesse, le confort, la rentabilité triomphent mais au prix de la banalité. Les discours, en cette journée de printemps, succèdent aux discours. Monsieur Heuzey rappelle les grandes lignes de l'histoire du *Quevilly*, c'est bien à un enterrement qu'on est convié. L'orateur fait même allusion à un sous-marin "boche" qui a failli coûter la vie au grand navire. Dans un discours officiel, parler de "boche" est encore dans le domaine du possible en 1923 et il y a toute chance de penser que pas plus les Français que les Norvégiens ne sont choqués par le terme. L'allocution se conclut par une gentille formule de politesse pour la nouvelle patrie du *Quevilly* : "*Aujourd'hui, le Quevilly devient la propriété des Norvégiens. La Norvège, ce pays de marins par excellence, saura l'apprécier et en tirer tout le service qu'il peut encore rendre*".

Le consul de Norvège rend la pareille : "*Il naviguera toujours sous les mêmes couleurs*, dit-il, *disposées d'une autre façon mais toujours semblables : le bleu, le blanc, le rouge...*" ce rapprochement franco-norvégien se conclut sur ces échanges de politesse. Puis, toute l'assistance est conviée sur le pont et le pavillon français est emmené et remplacé par les couleurs norvégiennes. La presse de l'époque souligna l'émotion de plus d'un participant. Même si on sabla le champagne en son honneur, le *Quevilly* n'était plus, il devenait le *Déodata*, son nouveau nom au service de la marine norvégienne. Mais ce bateau qui suscitait tant d'intérêt, pourquoi parlait-il tant à nos prédécesseurs ? Pour mieux comprendre cette passion, il faut voir dans quelles conditions ce navire vit le jour.

Les chantiers du Grand-Quevilly

La Seine est partout, inévitable et indispensable. Chacun sait ou devine la dette dont est redevable Rotomagus à son fleuve. La Seine primitive aurait atteint, en certains endroits, 1 km de large. On imagine qu'elle ne devait pas être bien profonde. A tel point que Boulogne était régulièrement préférée à Rouen quand les possibilités de remontée du fleuve devenaient par trop difficultueuses. Au temps des Gallo-Romains, des deux-mâts portant près de 200 tonnes de marchandises et près d'une centaine de passagers remontaient jusqu'au bout de l'estuaire. Mais, leur route s'arrêtait là, leur tirant d'eau ne leur permettant pas d'aller plus avant. Ils devaient transborder devant Lillebonne ou Harfleur. On sait que les Normands remontaient sans difficultés jusqu'à Rouen, mais leurs fameux drakkars avaient un très faible tirant d'eau.

La nécessité de draguer le chenal d'un fleuve s'est donc faite sentir très vite. Cependant, l'importance stratégique de Rouen, débouché naturel du Bassin Parisien, obligea l'aménagement constant et de plus en plus élaboré du chenal de la Seine. Des travaux de terrassement des rives, l'installation de digues, d'appontements multiples étayent l'histoire de la domestication de plus en plus poussée de la Seine au cours des âges. Grand port de commerce fluvial et même de commerce tout court, Rouen a toujours fréquenté la mer. Le fleuve consentait à des navires de haute-mer, et de très gros tonnages pour l'époque, de remonter jusqu'à Rouen. La Seine permit même à la ville de prétendre au titre de premier port français à de nombreuses reprises. Tout prédestinait donc ses habitants à fréquenter, donc à aimer, les bateaux, émissaires élégants des ailleurs rêvés. D'autant plus que ces bateaux en question, pour beaucoup, étaient construits dans la région.

Les fameux chantiers Augustin Normand bâtirent pendant plusieurs générations le long de la Seine maintes embarcations. A Rouen même, la place Carnot fut un véritable arsenal. Charles VI y fit produire une flotte entière.

En 1506, la ville put construire, à la demande de Louis XII, un navire de 400 tonneaux, très gros tonnage pour l'époque. Plus près de nous, la Chambre de commerce, au XVIIIe siècle, créa ses propres chantiers le long du mont Riboudet. Quant à l'avenue du Mont Riboudet, elle fut réalisée en 1767 avec les terres de la route d'Eauplet que l'on traçait alors. C'est bien sûr en bateau que l'on transportait ses remblais.

Georges Dubosc décrivit à la fin du siècle dernier, avec pittoresque, l'activité intense qui régnait sur ces chantiers : "*Tout un monde d'ouvriers, maintenant disparu, vivait dans ces établissements ; c'était un personnel très divers où chacun avait sa fonction. Il y avait toute la corporation alors très nombreuse des charpentiers de navire, taillant les gabarits, cintrant les bordages à l'étuve, établissant les étraves ou les étambots ; parmi eux se trouvaient des familles dont les noms sont encore connus : les Rabardy, les Saint-Martin, les Bénard. Venaient ensuite les calfats qui, à grands coups de maillet, remplissaient d'étoupe goudronnée, toutes les jointures des bordages, recouverts ensuite d'une couche de bra, préparé dans la pigoulière un petit bâtiment isolé, où bien souvent le feu prenait. Après venaient les forgerons, dont une forge fut longtemps installée sur l'île du Petit-Gay ; les poulieurs, les gréeurs, les voiliers. Les sculpteurs qui taillaient les figures de proue étaient peu nombreux et leurs oeuvres étaient loin de posséder l'élégance gracieuse et la tournure décorative que Jean-Baptiste Foucher et son fils ont su donner aux allégories qui ornent les derniers navires lancés.*

On s'en rapportait alors aux imagiers de Cherbourg ou de Brest, où existait alors une maistrance de sculpteurs, mais où les Cailleri et les Puget étaient rares. Tout ce monde, qui animait de son entrain l'avenue du Mont Riboudet, travaillait sous les ordres de contremaîtres adroits comme monsieur Liard, ou un très habile traceur comme monsieur Marion, du Havre, qui construisit aux chantiers Lemire quelques uns de ces beaux trois-mâts de 800 à 1 000 tonneaux qu'on lançait tout mâtés. Le plus ancien de ces contremaîtres était Dominique Berrurier, d'Honfleur, qui, sous Napoléon 1er, avait travaillé dans les constructions de navires à Flessingue et qui, prisonnier des Anglais, était parvenu à s'échapper des pontons. C'est ainsi que se construisaient, pour les armateurs rouennais, les Cibiet, les Malétra, les Pilastre, toute une flottille de navires rouennais".

Tous les villages avoisinants tiraient profit de la construction de ces bateaux. Les gribannes qui servaient au transport de la craie de Caumont étaient construites à Dieppedalle et à Biessard. Mais tous les bords de la Seine résonnaient du bruit des outils des charpentiers de marine, grands spécialistes, à l'occasion, de la construction de toits d'églises ou de chapelles. On construisait à la Mailleraye, à la Bouille, à Duclair, jusqu'à l'Ile Lacroix. Val-de-la-Haye prêtait ses sculpteurs. Certes, la taille des embarcations restait souvent très modeste, mais la région aimait son fleuve et savait en tirer profit.

A la fin du XIXe siècle, de grands chantiers furent créés au Havre, comme les Chantiers Normands, les Forges et Chantiers de la Méditerranée mais surtout à Grand-Quevilly. Les Chantiers de Normandie, sous la direction de monsieur Laporte, commençaient leur histoire, presque centenaire, en 1893. Les Quevillais se lancèrent alors avec courage et patience dans la construction de bateaux de plus en plus grands, car le site de Rouen se prêtait à merveille à la construction de bateaux.

La largeur de la Seine en aval de Rouen, au niveau actuel du port, favorisait parfaitement ce genre d'industrie. Peu à peu, les chantiers du mont Riboudet laissèrent la place à de nouveaux chantiers, rive gauche, en face de l'île Rollet. C'est ici que la société Claparède lança plusieurs cargos à partir de 1882 avec le *Druentia*, le *Falsback* et le grand *Neustria*, long de 105 m. Mais bientôt les difficultés s'accumulèrent et la société dut fermer et vendit ses installations aux chantiers de la Loire, installés à Saint-Nazaire. Claparède se réinstalla par la suite à Argenteuil et se spécialisa dans des constructions de barques de moindre importance. Rouen se retrouvait ainsi, pour la première fois depuis fort longtemps, sans chantiers de construction navale. Mais, le 30 janvier 1893, le gouvernement fit voter une loi d'aide à la construction des navires à voiles. Il faut dire que la France, dans ce domaine, faisait piètre figure : elle était tombée au 9e rang mondial des flottes de voiliers, battue par la Grèce !

Cette loi sur la prime à la navigation accordait à l'armateur une prime de 1,70 francs par tonne de jauge brute pour chaque millier de milles parcouru. Cette incitation financière permit à de nombreux armateurs d'armer un certain nombre de voiliers pendant les 10 ans à venir en envisageant raisonnablement des bénéfices. C'est ainsi que 212 voiliers furent construits en France de 1893 à 1902. De plus, cette loi accordait une prime non négligeable à la construction. Grâce à elle, monsieur Jean Laporte fonda, le 10 mars 1893, sous la dénomination Société des ateliers et chantiers de Normandie Laporte et Cie, une société qui reste encore célèbre et qui parle encore aux Quevillais et Rouennais : les fameux Chantiers de Normandie.

Ils virent le jour sur la rive gauche de la Seine, dans les prairies de Grand-Quevilly, à l'extrémité du bassin au pétrole. Ces chantiers côtoyaient le Gord, ce fossé d'irrigation qui se jetait dans la Seine après avoir arrosé les plaines de Petit et Grand-Quevilly.

Par sa situation exceptionnelle, Rouen était tout indiqué pour devenir un grand port de construction navale. La largeur de la Seine, en aval de Rouen, sa profondeur, des espaces libres sur la rive gauche à Grand-Quevilly, favorisèrent la construction des Chantiers de Normandie. Mais, plus que tout, les ouvriers de la rive gauche donnèrent un formidable réservoir en main-d'oeuvre. Appréciés pour leur savoir-faire, les ouvriers des chantiers étaient déjà près de 1000 au début de l'histoire des Chantiers de Normandie.

Ce gord formait d'ailleurs la frontière entre les deux communes.
Le moment était favorable au renouveau de la marine à voiles. La crise du fret qui avait eu raison des chantiers Claparède se faisait moins sentir en 1893. On vit même, fait très significatif, un *steamer* à aubes, l'*Ulster*, transformé en quatre-mâts barque, ce qui est un comble !
De plus, le commerce du guano d'Itcheboe, le long de la côte africaine et surtout d'Iquique au Pérou, avait permis à la voile de rester rentable face à la vapeur.
Ce guano, en énorme quantité (certaines îles en possédaient 25 m d'épaisseur), était en outre une denrée presque gratuite. Il suffisait que les voiliers accostent au bord des îles à guano et se servent pour remplir les cales du navire sans un sou d'investissement.
Ce guano, constitué d'excréments et d'ossements d'oiseaux, fournissait un excellent engrais. De même, les nitrates du Chili proposaient un lest peu onéreux, et donc intéressant, pour des navires dont le seuil de rentabilité était critique. Mais surtout, à la fin du XIXe siècle, c'est le pétrole qui contribua à la relance de la voile devenue presque moribonde. Rouen se lança alors avec allégresse dans le transport du pétrole d'Amérique du Nord. Bien sûr, ce commerce nécessitait un nouveau type de navire, car le temps des *clippers* de thé, rapides et élancés, était terminé et les nouveaux navires devaient répondre à d'autres critères de rentabilité. Alors que la marine à vapeur s'appropriait le transport des marchandises de haute valeur qui devaient être livrées dans des temps très courts, la voile pouvait se permettre de transporter les matières inertes (nickel, minerais, salpêtre, combustibles ou bois) qui pouvaient se faire attendre.
Ce type de transport induisait la construction de navires où le gain de place pour le chargement primait sur la vitesse du bateau même. Pour être rentables, les voiliers se devaient d'être grands et même de plus en plus grands, tout en conservant un faible tirant d'eau. Ces bateaux, habitués à des mers difficiles, devaient se jouer des tempêtes

La maison Bordes de Dunkerque tira l'essentiel de ses profits du commerce du guano du Chili. Il n'était pas rare de voir jusqu'à cinquante voiliers simultanément qui repartaient en Europe par le Cap-Horn.

et même en profiter, grâce à une mâture moins haute et plus solide que celle des *clippers*.
Ces embarcations ne pouvaient plus serrer le vent comme autrefois mais, par contre, leur robustesse dans les tempêtes les mettaient à l'abri (très relatif il est vrai) du naufrage, source de perte financière importante. Grâce à cette nouvelle conception de la construction navale, on pouvait, avec le minimum d'équipage, tenir des tempêtes effroyables. Inutile de dire que la vie à bord ne devait pas être une partie de plaisir.
Enfin, pour que les coûts de construction soient réduits au minimum, on n'hésita pas à construire des bateaux en série. Le taylorisme fit peu à peu son apparition sur ces nouveaux chantiers. Ainsi, le grand armateur Bordes, de Dunkerque, mit en chantier de nombreux grands quatre-mâts sur tous les lieux de construction possibles en France, y compris à Grand-Quevilly.
De toute la France, les commandes affluèrent sur les chantiers de ce dernier. Les voiliers rochelais mettaient ainsi en construction deux *sisters-ships* : l'*Asie* et l'*Europe*, deux magnifiques quatre-mâts. Dans ce même temps, les chantiers de Graville ne chômaient pas. Pour le compte des armateurs havrais Brown et Corblet, les deux frères en construction, *Emilie Siegfried* et *Ernest Siegfried*, ainsi que le splendide *Président Félix Faure* étaient construits et lancés à cette époque. Pour la dernière fois, les chantiers navals de bateaux à voiles se remirent au travail comme une véritable ruche et les baptêmes succédèrent aux baptêmes...
Bientôt, les chantiers de Quevilly ne surent plus où donner de la tête. Rouen possédait

En décembre 1894, le *Général Mellinet* fut le premier d'une longue série de 34 voiliers lancés à Grand-Quevilly.

le site pour la construction, mais aussi la main-d'oeuvre. La population de Grand-Quevilly, bien qu'essentiellement agricole, s'adapta vite à cette nouvelle activité. Rouen et Petit-Quevilly, déjà fortement industrialisés, fournirent sans difficulté une main-d'oeuvre déjà aguerrie au travail industriel. C'est ainsi que, très vite, plus de 1 100 ouvriers travaillèrent simultanément sur les chantiers. La rive gauche ouvrière, celle de la cheminée, "la foudre" de Saint-Sever, que Flaubert et Maupassant aimaient opposer à la flèche de la cathédrale, se mit au travail. La main-d'oeuvre était nombreuse, mais elle se distinguait aussi par sa compétence. Les vieilles traditions de constructions navales n'étaient pas perdues, loin de là. Certes, les pittoresques conducteurs de trains de bois avaient déjà disparu. Le bois, longtemps, arriva aux chantiers en flottant pièce contre pièce sur la Seine, tout comme au Canada ou en Birmanie aujourd'hui. Les mariniers descendaient les troncs tout le long de la Seine, de la Bourgogne jusqu'à Poses. De là, on les amenait le long des îles Letellier ou du Petit Gay. Mais, à l'ouverture des chantiers, le bois flotté n'était plus de mise. Le train, plus banal mais plus rapide, avait pris le relais. Une fois le bois arrivé aux entrepôts de Grand-Quevilly, les scieurs de long entraient en action. Très longtemps, la corporation fut originaire des Essarts, preuve, s'il en est, que ce village porte bien son nom. Les scieurs de long débitaient alors de larges pièces de bois mais, avec l'arrivée des bateaux en fer, leur activité se réduisit à l'accastillage des voiliers. De même, pour les charpentiers de marine, très nombreux encore au milieu du siècle, le fer envahissant, puis l'acier, réduisirent à la portion congrue cette intéressante corporation. Par contre, les forgerons prirent de plus en plus d'importance. Il faut dire que l'arrivée des voiliers en fer fut une aubaine pour eux.

En effet, un charpentier écossais eut l'idée, en 1836, de construire un navire en fer : l'*Ironside*. Bien lui en prit, car peu à peu le fer supplanta le bois. La guerre de Sécession aux Etats-Unis fit le reste. Le fer, incomparablement plus solide que le bois, flottait en fait fort bien. Mais ce n'est vraiment qu'à partir de 1882 que l'acier s'imposa au fer. On prit alors l'habitude de construire les grands bateaux à voiles en acier. Tous les voiliers sortis des chantiers de Grand-Quevilly étaient donc en acier. Les traces de rouille sur les coques des navires, souvent bien visibles sur les documents photographiques, l'attestent amplement. Les chantiers, vastes de 50 000 m2, étaient dotés de cinq cales de construction qui permettaient de travailler sur plusieurs bateaux à la fois. Le premier voilier à sortir des chantiers fut le *Général Mellinet*, lancé en décembre 1894. Ce trois-mâts barque fut livré à Nantes. Les chantiers Laporte, réputés pour la solidité de leurs bateaux, virent alors les commandes affluer. Des trois-mâts semblables au *Général Mellinet* furent immédiatement en construction, presque simultanément pour les mêmes armateurs Nantais : le *Lamoricière*, en 1895, la *Reine Blanche*, le *Cambronne*, le *Pasteur*. Ces bateaux voyaient leur coût de production tomber du fait qu'ils étaient presque identiques.

Le *Quevilly*, quant à lui, faisait figure de géant parmi ces trois-mâts. C'est en 1896 qu'il fut mis en chantier. Dans le même temps, les chantiers se mirent à construire des quatre-mâts : *l'Europe* et le *Général Newmayer* ainsi que le *Dunkerque*, dont le *Quevilly* fut le sosie. L'activité était intense et le pain ne manquait pas aux ouvriers quevillais. Parallèlement, les chantiers de Graville se mettaient à construire, dès 1898, le *Ville de Mulhouse* et le *Ville du Havre*. Les bords de la Seine, avant même l'installation, en 1917, des chantiers du Trait (en face des anciens chantiers de la Mailleraye), voyaient renaître la construction de ces bateaux à voiles tant aimés dans nos régions.

Ces bateaux, nous l'avons vu, étaient destinés au transport de pondéreux, parfois à celui du thé ou de la laine d'Australie. Cependant, l'utilisation de pétrole se faisait de plus en plus commune dans l'Europe industrielle. Le "colonel" Drake eut le mérite d'être le premier à forer un puits pour recueillir l'huile minérale naturelle à l'aide d'un tube métallique. En 1859, il réalisa la première exploitation industrielle du pétrole à Titusville en Pennsylvanie. Avant lui, on le récoltait, à dose homéopathique, en tendant des couvertures dans le lit des rivières où affleurait de façon naturelle le pétrole. Puis, on essorait les couvertures au-dessus de baquets pour ainsi recueillir le précieux liquide !

A cette époque, on s'éclairait encore le plus souvent avec de l'huile de baleine. Las, les prises de baleines se faisaient de plus en plus rares, du fait d'une chasse trop importante. Le pétrole servant à l'éclairage devenait donc une excellente alternative à cette raréfaction de l'huile de baleine. Un Pittsbourgeois eut alors l'idée de vendre le pétrole à l'Europe mais le problème du transport restait très ardu. Pour la première fois en 1861, un brick, *l'Elisabeth Wast,* parvint à franchir l'Atlantique avec du pétrole de Pennsylvanie dans ses cales. Certes, les pétroliers à voiles existaient depuis bien longtemps. Il semblerait que se soient les chinois qui, très tôt au XVIIIe siècle, créèrent les premiers pétroliers. Sur leurs jonques, ils transportaient en vrac "l'huile de pierre" qui aurait eu, paraît-il, des vertus médicinales. Mais en Europe, le pétrole fut

Lancement d'un voilier sur une cale des chantiers. Avant de jeter l'eau bénite, le blé et le sel, le prêtre prononçait ces paroles rituelles : "*Seigneur, écoutez notre prière. Regardez les hommes de cette terre et de ce bateau et entendez favorablement leurs demandes. Accordez votre sainte et véritable protection à ce navire et à tous ceux qu'il portera sur les flots, tout comme autrefois sur la Mer Galilée, vous avez protégé les barques de vos Apôtres de la furie de la tempête. Tendez, Seigneur, à tous nos frères, les hommes de la mer, cette main puissante et secourable, comme vous l'avez fait à votre apôtre Pierre s'enfonçant dans les eaux... Envoyez Seigneur votre Ange du Salut pour qu'il guide ce navire et son équipage tout au long de ses voyages et qu'il les garde du danger et de la catastrophe...*" Un lancement réussi était, disait-on, de bonne augure pour la carrière d'un bateau.

Le Dunkerque fut le seul *sister-ship* du *Quevilly*. Il transporta surtout du salpêtre. On le voit ici le jour de son lancement (ci-dessus). Très bon marcheur, il eut une très longue carrière et se distingua en particulier dans le sauvetage de *l'Amiral de Smet de Naeyer*.

longtemps transporté en tonneaux avec tous les dangers qu'un tel chargement peut faire courir sur un bateau. Le conditionnement du pétrole restait un problème majeur pour son transport en Europe. Aux barils, toujours prêts à se briser, succédèrent des bidons cubiques en fer blanc, mis par deux dans des caisses en bois. Enfin, apparurent les bateaux-citernes qui permettaient le transport en vrac. En 1863, *le Ramsay*, le premier bateau-citerne construit, inaugurait un nouveau mode de transport du pétrole. Le progrès décisif fut accompli par le *Gluckauf*, un énorme voilier allemand long de 100 m, lancé dès 1885 à Hambourg. Pour la première fois, on chargea le pétrole directement dans des citernes placées dans la coque. Des doubles cloisons isolaient le pétrole du reste du bateau et apportaient une sécurité réelle et appréciée, autant des armateurs que de l'équipage. Le *Lion* fut le premier vapeur pétrolier construit en France, à Graville. Il fut lancé le 1er avril 1893 au Havre. Le *Quevilly* allait donc profiter de toutes ces innovations techniques, qui lui évitèrent pendant un quart de siècle tout problème avec sa cargaison. La découverte du pétrole pennsylvanien devenait la bonne aubaine des voiliers de commerce. La deuxième révolution industrielle allait offrir la possibilité à des armateurs hardis de se lancer dans le transport du pétrole qui devenait de plus en plus indispensable à la bonne marche des usines et de l'automobile naissante. Il semblerait que c'est en 1869 que les premières cargaisons de pétrole arrivèrent à Rouen. Dans un premier temps, les barils furent entreposés dans les caves de Dieppedalle, situées à trois kilomètres en aval de la ville. Elles pouvaient en contenir jusqu'à 40 000. Mais un incendie s'y déclara en 1878. C'est alors que la Chambre de commerce prit la décision de construire un bassin à pétrole. Le négoce du pétrole prit alors une autre dimension à Rouen. Si, en 1879, un trois-mâts, l'*Antoinetta Accame*, apportait 975 tonnes de pétrole, dès 1889-90, on peut remarquer que des navires comme le *Prudentia*, le *Russian-Prince* ou le *Wild Floner* deviennent des habitués du port de Rouen avec des cargaisons de plus de 3 000 tonneaux. Dans le même temps, on assiste à la multiplication des usines de distillation de pétrole le long des quais : Bedford & Cie, Stella, la Saxoleine. Les usines sont reliées par wagons-citernes au nouveau port à pétrole. Cet hydrocarbure offrait de très nombreuses utilisations et voyait son emploi se multiplier dans de nombreux domaines, y compris pour l'éclairage et même pour les produits de beauté. Cependant, connoté négativement, le mot faisait peur. C'est pourquoi des noms aussi variés qu'évocateurs lui furent donnés. En particulier, Deutsch de la Meurthe, le négociant avec lequel la société du *Quevilly* passa un contrat pour cinq ans, baptisa son pétrole *Luciline*, du nom de sa fille Lucile.

Curieusement, l'idée germa alors de transporter ce combustible, symbole de modernisme, par des bateaux au mode de traction plutôt archaïque. Ainsi, c'est à la voile que revint l'insigne honneur de transporter le poison même qui devait la faire disparaître ! C'est dans cet étrange paradoxe que l'idée de la construction du *Quevilly* vit le jour. On l'a vu, les circonstances étaient favorables, il ne manquait plus qu'un homme, un armateur, pour risquer le pari.

Pourquoi construire le *Quevilly* ?

Quand les armateurs Prentout-Leblond, Heuzey et Boniface passèrent commande du *Quevilly* aux chantiers Laporte, l'idée de produire un navire entièrement rouennais, un vrai navire du "cru", semblait très prégnante. Jugeons plutôt : les armateurs étaient des Rouennais bon teint qui exerçaient la gestion de leur flotte de Rouen même. Le chantier du navire, quant à lui, se situait à Grand-Quevilly, au coeur de l'agglomération ouvrière, donc le bateau allait porter la marque du travail des hommes de la région jusque dans sa propre étrave. De même, Rouen avait été choisi comme port d'attache du voilier, on était donc assuré de le revoir souvent. Quant à l'armement du *Quevilly*, c'est presque toujours à Rouen que cela se passait. Enfin, le seul nom de *Quevilly* est suffisamment révélateur à lui seul. On peut se demander pourquoi Prentout n'a pas choisi le *Ville de Rouen*, par exemple, c'est tout simplement parce que ce nom était déjà pris. Les armateurs possédaient déjà un trois-mâts *Ville de Rouen* de plus petite dimension, avec une jauge de seulement 1 125 tonneaux. Ce bateau avait été construit à Saint-Nazaire en 1891 et ne portait que dix-huit hommes d'équipage en tout. Mais, de toute façon, l'idée de rendre hommage au travail des hommes de Grand et Petit-Quevilly semble évidente, et, par une curieuse ironie du sort, le *Quevilly* représentait un projet bien plus ambitieux que ce modeste *Ville de Rouen*.
Ce n'est pas à la légère que ces armateurs se lancèrent dans cette entreprise de construction, car la rentabilité du navire n'était pas immédiatement évidente. L'obstacle majeur à la construction d'un voilier-citerne tenait dans le fait que, contrairement aux autres voiliers, le bateau-citerne circulait nécessairement à vide une fois le pétrole débarqué. On devait donc remplir les *cofferdams* d'eau au cours du voyage aller. Les frais d'exploitation d'un tel voilier devaient être bien pesés, sachant que son parcours moyen était de 16 000 milles par an contre 40 000 milles pour un vapeur. Bien sûr, c'est dans la loi de 1893 qu'il faut voir l'origine de la construction de ce bateau. D'ailleurs, un article du *Moniteur de la flotte*, en 1897, est éclairant sur ce sujet : "*La loi de 1893 a donné un regain d'activité à la construction des voiliers en France et, en bonne justice, il faut admettre que cet heureux résultat est dû autant à l'amélioration de la prime de navigation allouée aux voiliers construits en France qu'à la suppression de toute prime aux navires étrangers. Il y a même eu, fait très remarquable, un chantier nouveau qui s'est créé à Rouen pour la construction spéciale des navires à voiles et qui a lancé quelques beaux et bons navires*".
Cet hommage appuyé aux Chantiers de Normandie montre bien que, sans cette prime de transport, le *Quevilly* n'aurait jamais vu le jour.
Pour des navires de 3 050 tonnes, la construction se montait à 850 000 francs or, à la même époque, les constructeurs anglais et allemands se contentaient de 600 000 francs pour le même type de bateau. C'est pourquoi, en 1888, avant la promulgation de la loi, un autre voilier pétrolier, le trois-mâts *Ville de Dieppe*, un vieil habitué de Rouen lui-aussi, qui croisa souvent le *Quevilly* sur l'Atlantique, fut construit à Southampton. Grâce à la prime à la construction, les chantiers français atteignaient enfin le seuil de rentabilité. Il était nécessaire de compenser la lenteur et donc les coûts des chantiers français par des primes, si on ne voulait pas les voir disparaître.
Le *Quevilly* représentait un projet ambitieux et coûteux, les seuls matériaux se

A Dieppe, le *Quevilly* livrait son pétrole aux établissements Robbe.

Un voilier en construction sur les chantiers vers 1900.

montaient à 880 508 francs. A cela, il fallait ajouter le prix de la main-d'oeuvre, soit 443 355 francs. L'ensemble se soldait donc par une note de 1 323 863 francs. Ce prix important s'explique par la taille du navire, 105 m en tout : c'est déjà d'un géant dont il s'agit, même si, en 1885, au Havre, avait été lancé le vapeur *Winstor*, le plus grand pétrolier à moteur du monde avec 134 m de long. En comparaison, le *Ville de Dieppe*, avec ces 70 m de long et ces 2 000 tonneaux, paraît bien modeste. Certes, le cinq-mâts le *France II*, du même armement Prentout, mesurera 128 m, mais il sera construit plus tard. Le *Quevilly* obtint ainsi le double privilège d'être le plus grand pétrolier à voiles du monde et le plus grand voilier français avec le *Dunkerque* (à partir de 1901, car le premier *France*, un cinq-mâts de la compagnie Bordes, détenait le record de longueur, mais il coula en 1901 et laissa ce record au *Quevilly*) avant l'arrivée du *France II*.

Au fur et à mesure que la vapeur distançait la voile, il devenait nécessaire de faire des navires de plus en plus grands pour transporter le maximum de chargement. Le *Quevilly* est un pur produit de la loi de 1893 et correspond à tous les critères que les armateurs de l'époque observaient pour espérer rentabiliser ces navires, de coûts de fabrication et de fonctionnement très élevés. La prime à la construction pour les navires en acier se montait à 65 francs par tonne de jauge brute pour seulement 40 francs par tonne pour les navires en bois.

Ces navires à voiles se devaient d'être grands pour transporter le maximum de fret mais, loin d'être des sortes de "cargo à voiles", comme certains dédaigneusement les qualifient en regard des magnifiques *clippers* de transport du thé de 1870-80, ils ne pouvaient pas être trop lents et certains ont atteint des vitesses plus que respectables. D'ailleurs, un article paru dans le journal *le Yacht*, daté du 11 novembre 1899, règle son compte, à mon sens, à l'idée que ces derniers voiliers étaient des sortes "d'escargots des mers" : "*Le développement considérable qu'a pris notre marine à voiles grâce à la loi 1893, donne un certain intérêt à l'étude de notre flotte actuelle de voiliers. Les navires en bois de 6 à 800 tonneaux, qui constituaient autrefois notre marine de commerce, ont peu à peu disparu. Le peu qu'il en reste est utilisé à des navigations spéciales ; bientôt ils ne seront plus qu'un souvenir. Les voiliers actuels, utilisant des matériaux tels que l'acier, dont l'usage était peu répandu autrefois, et construits pour répondre à d'autres besoins et à d'autres exigences économiques diffèrent sensiblement de leurs aînés. La loi de 1893 accorde une prime basée sur le tonnage et le nombre de milles parcourus. Il est bien évident que la première préoccupation -je ne dirais pas des armateurs, car il n'y a plus d'armateurs désormais- mais des administrateurs des compagnies de navigation, devrait être de développer sur les navires appelés à bénéficier des avantages de la prime pour la vitesse, bien plus que le tonnage. En effet, je suppose qu'en privant l'avant et l'arrière de leurs formes affinées, on arrive à faire porter 300 tonneaux de plus à un navire de 3 000 tonneaux et que, par suite des formes plus robustes adoptées, le navire ne donne plus, en moyenne, qu'une vitesse inférieure de trois noeuds à côté de ce qu'il eût donné avec ses formes premières, qu'arrivera-t-il au bout de l'année au point de vue du rendement de la prime ? Le navire mauvais marcheur touchera la prime pour 3 300 tx au lieu de 3 000, ce qui constituera un simple boni de 10 %, tandis que le navire bon marcheur, à 3 milles de plus par heure, gagner 1000 milles sur l'autre, quinze jours seulement environ, et de ce fait touche pour tout son tonnage de 3 000tonnes, une fois de plus la prime pour chaque période de navigation de quinze jours, c'est-à-dire une quinzaine de fois par an au moins. La loi de 1893 a donc, parmi beaucoup de défauts, l'avantage de tendre à développer les qualités de vitesse de nos navires à voiles*".

Il est clair que ces voiliers n'avaient pas tout leur temps et que les qualités de vitesse restaient primordiales pour ce type de bateau. La suite de l'article montre que le

Quevilly, de part sa taille et sa conception, restait un des navires les plus adaptés pour supporter la rude concurrence du transport des marchandises.

"*Il y eut au moment de la construction de nos premiers navires, quelques tâtonnements au sujet des dimensions à leur donner. On fit des bâtiments de 2 500, 3 000, 4 000 et 5 000 tonnes qui avaient respectivement 3, 4 et 5 mâts, car on voit bien, grosso modo, dans ces tonnages que les navires arborent un mât par 1 000 tonnes de jauge. On s'est arrêté, en France du moins, au chiffre de 3 000 tonnes pour lequel il a été jugé que le rendement est le meilleur en regard des frais généraux et qui permet un tirant d'eau lui permettant de pénétrer facilement dans les principaux ports qui peuvent intéresser ce genre de navigation*".

Il apparaît donc que, pour concevoir le *Quevilly*, les armateurs avaient étudié toutes ces questions et que ce voilier était très représentatif de ces navires qui, pendant 25 ans, résistèrent contre toute attente à la vapeur.

On sait bien peu de choses de cet homme étonnant que fut monsieur Prentout. Il faut s'arrêter quelque peu sur ce personnage hors du commun. Henri Victor Prentout est né le 12 mai 1850 à Honfleur. Son père, Napoléon Prentout, exerçait le métier de voilier dans cette même ville. A son mariage, monsieur Prentout ajouta le nom de sa femme, madame Leblond à son patronyme, et c'est donc sous le nom de Prentout-Leblond qu'il exerça son métier. Il créa une flotte de grands chalands de mer de 1 500 tonnes qui allaient chercher du charbon jusqu'en Angleterre pour l'apporter jusqu'à Paris. Au sein du comité central des Armateurs de France, il exerça une très importante activité, mais c'est surtout en tant que défenseur des derniers grands voiliers qu'il retient notre attention ici. Il essaya d'adapter au maximum les voiliers aux impératifs modernes et, en particulier, il défendit deux options originales. D'une part, il proposa une forme de voile nouvelle en accroissant au maximum la taille des basses vergues. D'autre part, il fut le premier à prôner l'usage du moteur diesel sur les voiliers en leur donnant ainsi un mode de propulsion mixte. A sa mort, le 21 novembre 1915, Prentout reçut un vibrant hommage du milieu maritime rouennais.

Toujours est-il qu'avec ses 105 m, le *Quevilly* avait bien fière allure. Il était gréé en quatre-mâts barque, c'est-à-dire que les voiles étaient carrées sur les 3 premiers mâts et le mât d'artimon portait une voile aurique qui permettait de mieux remonter au vent quand cela s'avérait nécessaire. Les navires gréés en 3 ou 4 mâts carrés, c'est-à-dire sans voiles auriques sur le mât d'artimon, devaient engager deux hommes en plus pour le maniement des voiles. Pratiquement tous les navires construits à cette époque furent des 3 ou 4 mâts barque, pour des raisons d'économie.
Cependant, ce gréement s'avérait peu propice pour braver les vents peu favorables et n'offrait pas la finesse des goélettes de 3, 4 voire 5, 6 et même 7 mâts, comme le *Thomas Lawson*. Ces navires n'avaient pourtant pas la réputation d'être marins. Ce gréement résistait moins bien à la tempête et causa la perte de nombreux navires américains. Un quatre-mâts barque offrait un compromis acceptable pour les conditions de l'époque entre les quatre-mâts carrés, trop soumis à l'influence des vents et les gréements latins, jugés plus dangereux. Le *Quevilly* suivant des routes où le vent le portait, la nécessité de remonter au vent se faisait peu sentir. D'autant plus que le remorquage s'avéra vite possible dès l'entrée en Manche, là où il ne faisait pas bon tirer des bords, le *Quevilly* pouvait porter jusqu'à 4 500m2 de voilure ; cela représentait une surface de toile énorme. Hélas, la majorité des documents photographiques le représente sec de toile, les photos étant prises au port. Le beaupré et les mâts étaient en acier : soit un mât de misaine, 2 grands mâts et mât d'artimon qui culminaient à 50 m au-dessus du pont. Le vertige était interdit : à une telle hauteur, les vents prennent encore plus de force et les risques de déséquilibre se font davantage sentir. Pourtant, les chutes, mortelles dans la plupart des cas, semblent très rares, l'adaptation au vide et à ses pièges se fait facilement pour ceux qui ont le pied marin. Cependant, on le verra, les mâts du *Quevilly* causèrent la mort de braves marins.
L'extrême finesse du bateau doit beaucoup à ses armateurs et, en particulier, à celui qui fut le maître d'oeuvre de la construction : monsieur Prentout-Leblond. En effet, la particularité de cet homme, qui adjoignit le nom de sa femme, Leblond, à son nom, réside dans le fait que ce n'était pas un simple armateur, mais qu'il associait à cette qualité celle d'être un remarquable voilier. Son père, originaire d'Honfleur, l'avait initié à la confection des cordages et le fils avait fini par établir une corderie à Rouen dans les années 1870. Puis, après s'être associé avec un capitaine scandinave, il finit par acheter un premier bateau. Par la suite, à ce navire, il ajouta un, puis deux, puis d'autres bateaux encore, jusqu'à ce qu'il prit la décision de faire construire ses propres voiliers. C'est ainsi qu'il fit mettre en chantier le *Ville de Rouen* en 1891, puis le *Pierre Corneille* et enfin le *Jeanne d'Arc*, toujours fidèle aux noms du terroir. Ces trois navires coulèrent par la suite, à des moments différents. C'est alors qu'il s'associa avec monsieur Boniface. Le commandant Lacroix rapporte qu'à cette époque on prenait plaisir à estropier les noms et à les prononcer de façon phonétique. Ainsi, chez les hôtesses, on avait pris l'habitude de parler de “Prends tout le blanc Boniface” au point que, sur un ex-voto du *Pierre Corneille*, le peintre avait écrit : “*Pierre Corneille prend tout le blanc Boniface*” ! Cela ne doit pas étonner, à une époque où les marins adoraient donner des surnoms à qui que ce soit. Hélas, il est difficile de retrouver aujourd'hui ces métaphores souvent poétiques, désignant ce qui caractérisait la qualité première de tel ou tel homme.
En 1900, après le départ de monsieur Boniface, monsieur Leroux lui succéda et c'est alors sous la raison sociale Prentout-Leblond et E. Leroux que le *Quevilly* navigua. C'est à cette époque que la société prit en gérance le trois-mâts *Alice-Isabelle*, que

monsieur Prentout acheta le *Ville de Dieppe* et surtout que la société se lança dans la construction de quatre *sister-ships* aux Chantiers de Normandie : le *Biessard*, le *Croisset*, le *Dieppedalle* et le *Hautot*. On voit ici tout l'attachement que ces Rouennais portaient à la région. A cela, les armateurs ajoutèrent la gérance d'autres sociétés, comme la Société bayonnaise. Enfin, ils rachetèrent huit voiliers à la Société bretonne de navigation.

Ces armateurs, sans prétendre atteindre l'importance de la célèbre compagnie Bordes de Dunkerque, faisaient donc excellente figure parmi les armements français. A partir de 1910, un autre armateur se joignit au groupe, monsieur Heuzey, et la compagnie du *Quevilly* prit nom de Maison Prentout-Leblond, Leroux et Cie. De plus en plus, ces armateurs s'orientèrent vers les vapeurs, mais sans jamais négliger la voile. Enfin, après la mort de monsieur Prentout, en 1915, la raison sociale de la société prit le nom de Leroux et Heuzey alors que le *Quevilly* naviguait sous le nom de Société anonyme du Quevilly. Sans s'étendre davantage sur le sujet, c'est monsieur Heuzey qui vendit le *Quevilly* aux Norvégiens comme monsieur Prentout l'avait fait avec la *Ville de Rouen*. Maître voilier, monsieur Prentout avait son propre bâtiment au sein des Chantiers de Normandie et il accastillait ainsi bon nombre de navires, fournissant les cordages, les poulies et surtout les voiles, dont il s'était fait une spécialité. Paradoxalement, le *Quevilly* ne possédait pas un mât d'une hauteur exceptionnelle par rapport à sa taille : le grand mât mesurait 54 m. En fait, monsieur Prentout recherchait, en homme d'affaires avisé, le meilleur rendement possible pour son bateau, or il pensait qu'une grande surface de voilure ne se justifie que si l'on peut s'en servir. Et, dans les parages de l'Atlantique Nord, il n'était pas question de ramasser les voiles hautes au moindre coup de tabac. Cela aurait été harassant pour l'équipage, d'autant plus que 36 hommes pour un tel bateau représentait un bien faible effectif. Donc, plutôt que de s'alourdir inutilement, il préférait réduire la surface des voiles hautes, quitte à perdre un peu de temps. Il s'avéra que son calcul était juste, avec ses 34 voiles pour 4 500 m2 de toile, le rendement entre le travail fourni et la vitesse donnée s'avéra tout à fait judicieux. Souvent obligé de carguer ses voiles hautes à cause des fortes brises de l'Atlantique, le *Quevilly* n'en n'effectua pas moins des voyages rapides, donc rentables. Monsieur Prentout n'hésitait pas à aller demander conseil à ses commandants pour savoir comment son voilier se comportait sur mer. Lacroix qui connut bien les capitaines du *Quevilly* affirmait que ceux-ci parlaient toujours de monsieur Prentout avec déférence, rendant hommage à ses qualités de concepteur de bateau. C'est grâce à ce même armateur que la France eut la chance de posséder le plus grand voilier carré du monde, Le *France II*, que monsieur Prentout confia au commandant du *Quevilly*, monsieur Lagnel, en 1913, à sa sortie de construction en Gironde. Mais nous aurons l'occasion de revenir sur la carrière de ce grand capitaine que fut le commandant Lagnel. Le but des armateurs était d'alimenter le nord de la France en pétrole avec leurs pétroliers *Quevilly* et *Ville de Dieppe* et le sud de la France avec l'*Alice* et *Isabelle* des Sables d'Olonne. On peut le dire, l'objectif fut atteint amplement, ce qui explique la longévité de la carrière de notre grand voilier. Quand on étudie les plans de ce voilier, on ne peut qu'être séduit par l'extrême harmonie de sa conception, il semble représenter une forme achevée de l'art de la construction marine. Avant d'embarquer, une petite visite de notre voilier s'impose donc. Il ne s'agit pas ici de donner trop de renseignements techniques, mais seulement de souligner quelques caractéristiques originales du bateau. Au moment de la conception du *Quevilly*, la célèbre compagnie Bordes de Dunkerque s'était lancée dans la construction d'une série de quatre-mâts,

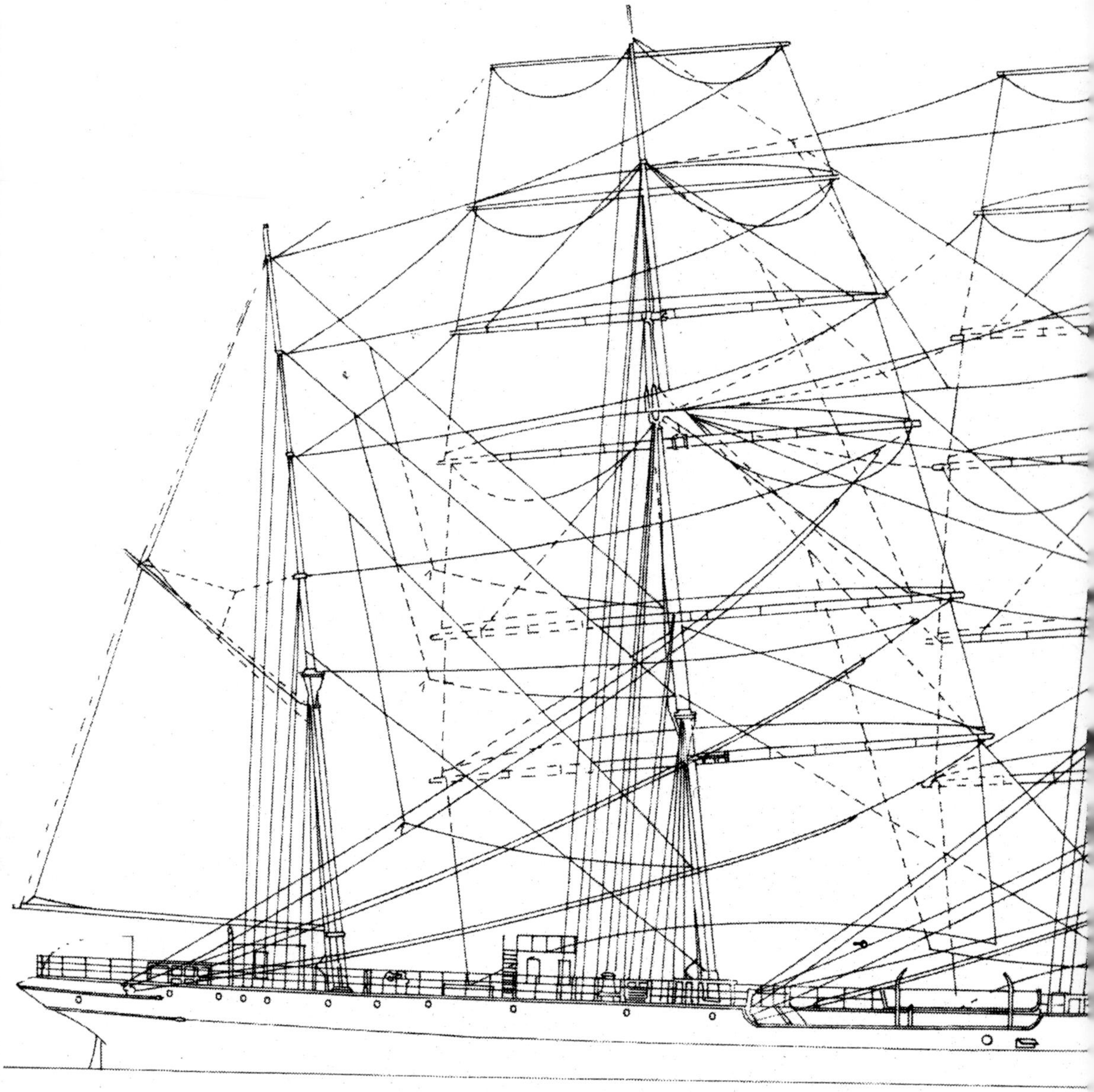

Dimensions de la mâture du *Quevilly* : beaupré : 14,30 m ; mât de misaine : inclinaison : 3°, hauteur totale : 53,703 m ; grand mât avant : inclinaison : 3°30, hauteur totale : 54,391 m ; grand mât arrière : inclinaison : 4°, hauteur totale : 54,308 m ; mât d'artimon : inclinaison : 4°, hauteur totale : 43,785 m ; gui ou bôme :

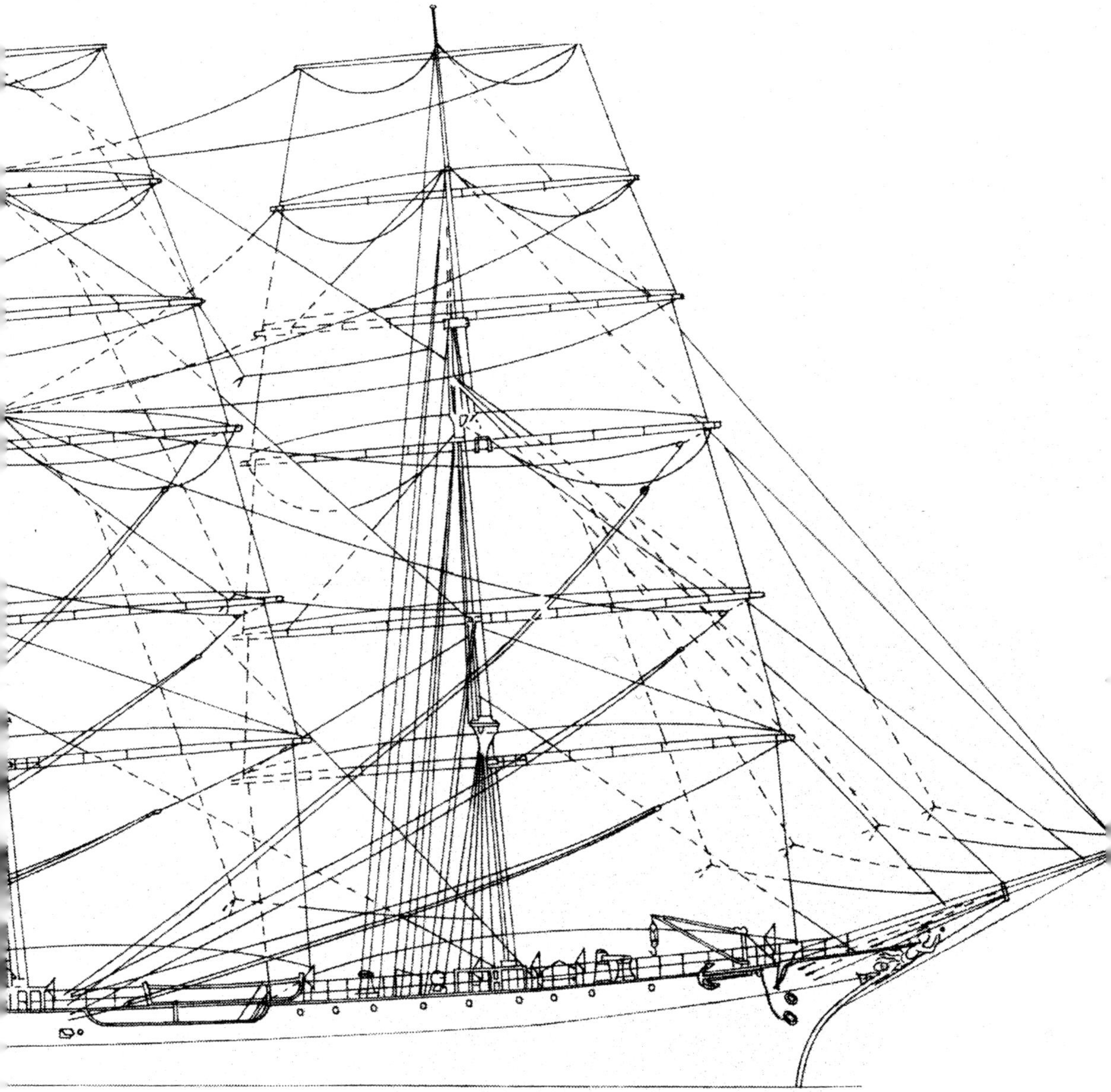

15,30 m ; corne de brigantine : 11,40 m ; vergues : basse vergue : 28,30 m, hunier fixe : 26,680 m, hunier volant : 23,760 m, perroquet fixe : 20,700 m, perroquet volant : 18,430 m, cacatois : 15 m.

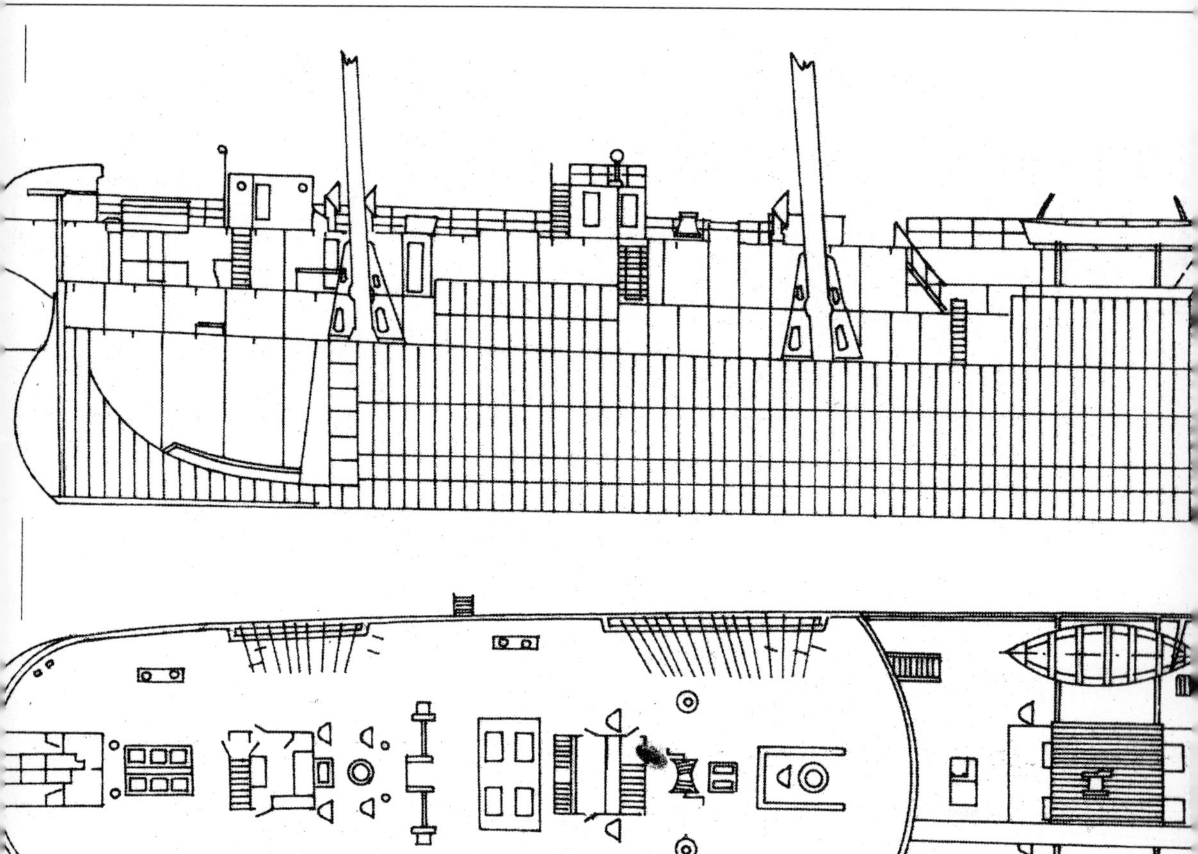

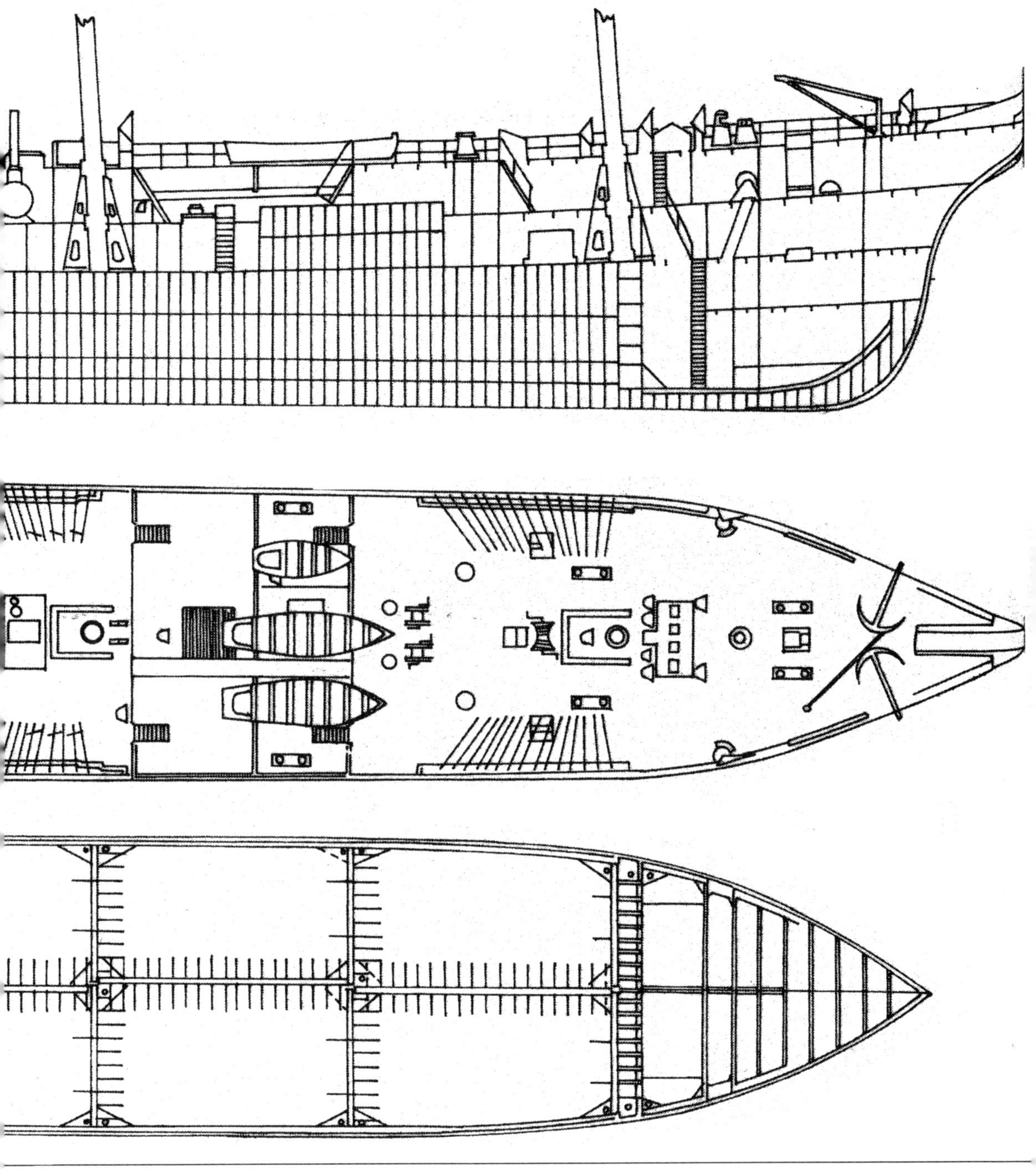

pratiquement tous identiques. Le *Quevilly* est une sorte d'achèvement des prouesses techniques de l'époque et le fait que son jumeau, le *Dunkerque*, ait été construit juste avant, lui a permis de bénéficier de quelques nouveautés techniques. En effet, le *Dunkerque* avait été conçu sur des plans différents des autres navires et les formes des deux voiliers ne furent jamais reprises par la suite. Les caractéristiques données par les constructeurs s'établissent comme suit : longueur hors tout : 105 m, largeur : 13 m 90, tirant d'eau chargé : 6 m 10, tirant d'eau à vide : 4 m, creux du navire : 8 m 10, surface de la voilure : 4 500 m2, jauge brute : 3 481 tx, jauge net : 2 873 tx, contenance pétrole : 3 600 t, contenance eau balastres : 2 200 m3, énergie électrique par 60 ch, turbine/dynamo, station pompage pétrole débit horaire : 100 t/heure, station pompage eau débit horaire : 300 m3/heure, chambres froides : 120 m3. En fait, certains chiffres sont relatifs. Si on prend le tirant d'eau, par exemple, il est de 6 m 510 en moyenne en été et de 6 m 380 en hiver. Ces petites variations n'ont l'air de rien mais si l'on songe que parfois le bateau touchait presque le fond de la Seine, ces chiffres prennent toute leur importance.

La grande innovation technique du navire réside dans sa conception du chargement du pétrole. Le *Ville de Dieppe* avait été le premier voilier français à charger le pétrole dans des tankers en vrac. Le *Quevilly* a considérablement amélioré cette innovation technique. Douze tankers, 6 à bâbord, 6 à tribord, se font face. Les deux citernes arrières sont plus petites que les 10 autres pour des raisons de chargement. Pas moins de 280 m de tuyaux de fer de 150 mm sont nécessaires pour collecter le pétrole. Les constructeurs ont soigné particulièrement les conditions de remplissage et de vidage, car c'est une opération très délicate, même périlleuse. Ils tiennent compte du centre de gravité du navire et proposent plusieurs solutions de remplissage.

Ainsi, quand le *Quevilly* part sur lest à Philadelphie, il faut absolument remplir les

Ci-dessus et ci-contre : deux des cinq pétroliers à voiles que posséda la France. Le pétrolier *Ville de Dieppe* fut construit à Southampton en 1888 pour le compte de monsieur Robbe de Dieppe. Prentout-Leblond le prit en gérance en 1901 avec l'*Alice et Isabelle* des Sables-d'Olonne. Ces pétroliers à voiles croisaient régulièrement le *Quevilly* à Philadelphie.

citernes. On voyait parfois des navires être lestés par des silex, pour leur éviter de chavirer en cas de coup de vent. Ces chargements de silex étaient souvent longs et faisaient courir de grands risques aux navires qui parfois brûlaient, sous les effets de contact des silex entre eux. Pour le *Quevilly* rien de tel, il suffisait de remplir les citernes d'eau dans un ordre bien précis. Ces constructeurs préconisaient par exemple de remplir les deux citernes n° 4 (celles du centre) et d'ajouter dans les citernes n° 2 et n° 3, deux mètres d'eau. Ils proposaient même de remplir les citernes n° 2 et n° 3 en eau douce et les deux citernes n° 4 en eau de mer, aussitôt arrivé au Havre. Ainsi lesté, le navire n'a jamais connu aucun problème de chavirage. L'intérêt d'un tel chargement, on l'imagine, c'est qu'il ne risquait pas de riper et donc de déstabiliser le navire.

L' " Alice et Isabelle " entrant dans le bassin ; Pétrolier faisant le trajet des Sables-d'Olonne à Philadelphie.

Cependant, le pétrole présentait des caractéristiques dont il fallait tenir compte : en effet, ce combustible change de densité avec la chaleur ambiante. Il fallait donc, au moment du chargement, prendre quelques précautions supplémentaires. Pour une température de base du pétrole américain de 15°, la densité était 795. Il fallait donc tenir compte des grosses variations de température pendant le voyage. Le coefficient correcteur de densité s'établissait à 0,7 pour 1° de différence. Ainsi, à 30°, la densité du pétrole descendait à 784 le m3. Par contre, à 0°, la densité montait à 805,50 le m3. Les recommandations des constructeurs étaient alors claires : "*En chargeant en Amérique, il faut prendre quelques heures avant la terminaison du chargement, la température du liquide dans les citernes et se dire : en hiver, quand la température de l'huile est basse, elle remontera bientôt dans les vases d'expansion puisque la température de la mer à cette époque est d'environ 10° et même 15 à 20° dans le Gulf Stream. Donc la température, en hiver, pouvant s'élever de 15 à 20° dans les citernes, il faut laisser les vides suffisants dans les vases d'expansion pour permettre au pétrole de se dilater sans atteindre le dessus des vases d'expansion. En hiver, laisser un vide de 2 à 3 pieds dans les citernes. En été, au contraire, la température s'abaissera de 10° pendant le voyage. Il faut donc charger le plus possible les expansions, le niveau s'abaissant pendant la traversée*". Comme indication, il était ajouté qu'à Philadelphie, le minimum d'hiver étant de - 3°, la densité du pétrole se situait donc de 805 à 810. Le maximum d'été étant de + 33°, la densité passait de 780 à 785. De même, à Rouen, le minimum d'hiver se situant à 5°, la densité se situait entre 800 et 805 et le maximum d'été à + 25°, elle baissait entre 786 et 791. Bien entendu, ces chiffres n'étaient qu'une indication, il fallait tenir compte de beaucoup d'autres cas plus extrêmes, afin que le chargement soit toujours maximum, mais sans risque de dilatation pouvant endommager les citernes. Les tanks s'arrêtaient au niveau d'un faux pont sur lequel on pouvait charger un complément de cargaison. Le plus souvent, ce faux pont servait à stocker du pétrole en caisses, mais, à

l'occasion, d'autres produits pouvaient être transportés ainsi. Le mode de chargement et de déchargement était original pour l'époque. On chargeait le pétrole par gravité, ce qui prenait en principe 30 heures. Les réservoirs à pétrole du port dominaient le Wharf, il suffisait alors d'ouvrir les robinets des réservoirs en question. On voit ici tout l'avantage de cette situation. Les marins n'avaient pratiquement rien à faire pendant le transvasement. Pour le déchargement à Rouen, au port du pétrole, ou à Dieppe, aux établissements Robbe, des pompes vidaient les tankers en 48 heures à la vitesse de 100 tonnes à l'heure. Si le *Quevilly* mouillait dans un port ne possédant pas de dispositif approprié, il pouvait, par ses propres moyens, vider son chargement.
Une autre innovation concernait la chaudière, car jusqu'à présent ce type d'installation restait rigoureusement proscrite à bord des pétroliers par crainte des incendies. Cette chaudière, bien visible sur les photos, chauffait le navire et servait au fonctionnement de tous les treuils du bord. En fait, il s'agit plutôt de deux chaudières qui fonctionnaient en alternance. La chaudière à l'arrêt était immédiatement nettoyée pour être prête à repartir quand l'autre était arrêtée. Elle fonctionnait à l'eau de mer et le sel, une fois transformé en cristaux, était récupéré dans des petits tonneaux à des fins industrielles. De même, la vapeur sortie de la turbine était récupérée et stockée dans un réservoir. Cette eau douce pouvait alors être consommée ou servait à la toilette des hommes. Il fallait une tonne de charbon pour obtenir une tonne d'eau douce.

On assiste, ici, à l'incendie d'un chaland de pétrole dans le port de Rouen en 1918. Cette catastrophe, qui pouvait être gravissime, explique pourquoi on avait rejeté le bassin à pétrole, très en aval de Rouen.

Mais la grande nouveauté concernait l'éclairage électrique. L'électricité était obtenue grâce à un dynamoteur à pétrole de la maison Sauther-Haulé de Paris. Ce dynamoteur de 6 chevaux amenait ainsi toute l'électricité du bord dès 1897. C'est la première fois qu'une installation de ce genre était tentée à bord d'un navire français. De cette façon, tous les feux de position étaient alimentés par la dynamo, la sécurité en sortait renforcée. On peut le constater, le temps des voiliers en bois semble bien révolu quand on étudie l'équipement de ce navire. Si le vent restait le moyen de locomotion par excellence, le *Quevilly* n'en sacrifiait pas moins à toutes les nouveautés techniques de son époque, pour le plus grand confort des hommes qui y vivaient. Les dangers d'incendie étaient, bien-sûr, considérables à bord et si le bassin à pétrole de Rouen était rejeté loin en aval de la ville, juste après le bassin à bois, c'était tout simplement pour des raisons de sécurité.

Un brûlot, comme un pétrolier en feu, pouvait se consumer pendant quatre jours durant, sans qu'il soit possible, à l'époque, de calmer l'incendie. Curieusement, quand les tanks étaient fermés, le danger d'incendie devenait moindre mais les interdictions de fumer à bord restaient très strictes. Sur de nombreux rôles d'équipages, les armateurs insistaient sur l'interdiction formelle de fumer à bord, en dehors d'endroits appropriés, sous peine de sévères punitions. Les risques d'incendie étaient particulièrement importants au moment où on procédait au lavage des cuves, c'est-à-dire quand le navire était vide ! Les vapeurs de pétrole, très denses, s'accumulaient au fond des cuves et devenaient particulièrement inflammables à ce moment-là. Lors du nettoyage, on attachait les hommes au bout d'une corde et ils descendaient ainsi dans les bas-fond du pétrolier. Régulièrement pendant l'opération, ils tiraient sur le filin pour indiquer qu'ils voulaient remonter respirer ; les risques d'asphyxie étaient considérables. Cependant, il semble que le *Quevilly* n'eut jamais à connaître d'accident grave au cours de cette manoeuvre.

En ce qui concerne les superstructures, le *Quevilly* restait conforme aux voiliers produits à son époque. La coque en acier était bordée à clins et s'avérait être d'une

Le dimanche, quand il était à quai, le Quevilly représentait un but de visite apprécié.

solidité remarquable. Les propriétaires ne lésinèrent pas sur la qualité, ce qui explique pourquoi, 42 ans plus tard, le *Quevilly* restait un excellent navire. Pour faire avancer une masse semblable, il fallait évidemment un gréement tout à fait exceptionnel. La mâture du *Quevilly* n'innove pas par rapport aux voiliers construits à son époque. Cette mâture comprend, à l'avant, dans l'axe longitudinal, un beaupré en acier. Il est construit d'une seule pièce et mesure 14,30 m. Sur ce beaupré, on peut établir plusieurs voiles latines, fixées au mât de misaine. La plus grande est l'étai de cacatois, puis vient l'étai de perroquet, ensuite la draille de grand foc, la draille de faux foc et enfin l'étai de petit foc, la plus petite de toutes. Sur l'ensemble des quatre mâts, il était possible d'établir jusqu'à 20 voiles d'étais différentes. Ces voiles de gréement latin renforçaient considérablement l'action des grandes voiles carrées. Puis venait le mât de misaine, constitué de deux parties comme les autres mâts ; placé à l'avant, il atteignait 53,703 m. Dessus, on trouve deux hunes, celle de bas mât et celle de perroquet, trouée en deux endroits pour permettre le passage du bas mât et du mât de perroquet et les rendre solidaires. Puis, on distingue le grand mât avant, incliné de 3°30 et haut de 54,391 m, le grand mât arrière, incliné de 4° et haut de 54,308 m et enfin le mât d'artimon, à l'arrière, long de 43,785 m. Il est le plus petit des quatre et permet un gréement latin et aurique. C'est aussi celui qui permet de distinguer un quatre-mâts barque d'un quatre-mâts carré.
Sur les trois premiers mâts sont disposés les immenses vergues, six au total, la basse vergue de 28,30 m, le hunier fixe, le hunier volant, le perroquet fixe, le perroquet volant et enfin, tout en haut, le cacatois, la plus courte vergue avec ses 15 m. Sur ces vergues, on peut établir les voiles carrées, les plus grandes du bateau. Ces vergues pivotent dans le plan horizontal, grâce à des écoutes les reliant au pont. Sur chaque vergue, on peut ainsi monter les voiles carrées de formes trapézoïdales. Dix-huit voiles carrées peuvent ainsi être enverguées au total. Sur le mât arrière, le mât d'artimon, le

29 des 34 voiles du Quevilly sont hissées, mais le vent semble bien mou. Les occasions de voir un quatre-mâts sous voiles étaient rares. Bien que des témoignages d'époque attestent que le *Quevilly* fut photographié sous voiles en plein Atlantique par les passagers des grands *steamers* qui pour l'occasion se détournaient de leur route, il faut se contenter le plus souvent de le voir sec de toiles.

gréement change. Il n'y a plus de vergue proprement dite mais un gui, ou bôme, long de 15,30 m, parallèle au pont et, à mi-mât, une corne de brigantine de 11,40 m permettant d'établir la brigantine, une voile aurique, la seule sur le bateau, reliée à la bôme. Au-dessus de la brigantine, on peut établir, enfin, la flèche, une voile latine.
Ainsi, le *Quevilly* pouvait soutenir 18 voiles carrées et 16 voiles latines à la fois, quand le temps le permettait. Quand il avait tout dessus, soit 4 500 m2 de toile, le capitaine et l'équipage vivaient un fort moment de fierté mêlée de satisfaction. Les lieux de vie du bateau sont assez classiques dans leur réalisation. A l'arrière se trouvent ceux qui commandent, au centre ceux qui fournissent "la maintenance" du bateau et, enfin, à l'avant le royaume des marins.
Si on part de l'avant, dans l'extrême poupe du navire, c'est le lieu des coffres divers, des fournitures, des ancres, des pouliages. Puis, disposés dans une parfaite symétrie, siègent les deux carrés de l'équipage, rigoureusement semblables. Environ 10 m de long pour 5 m de large, c'est là que les matelots vivent entassés par groupe de 10. Les couchettes sont superposées deux par deux et une armoire commune est utilisée par chaque bordée. Au centre du carré, siègent une table et deux bancs. Voilà tout le confort des marins. Deux petits W-C sont attenants à chacun des carrés, l'absence de salle de bain est flagrante. Le capitaine Lacroix ne disait-il pas que les hommes devaient se contenter d'un simple seau d'eau douce par semaine, le dimanche, pour faire leur toilette et le lavage des vêtements. Coincés entre la soute aux voiles et la porcherie (car il fallait de la viande fraîche), les deux carrés sont bien le signe d'un aménagement architectural où les classes sociales ne se mélangent pas. Un vaste puits d'expansion sépare l'avant du centre du bateau, c'est l'endroit de la cuisine et du cuisinier, sur bâbord. Mettre la cuisine au centre d'un navire semble logique, c'est là où les effets de la mer se font le moins sentir, tout au moins en cas de tangage. Le cuisinier y possède sa chambre personnelle, munie d'une petite table, d'une petite

Le *Rébécca Palmer* était un *shooner* américain qui fréquentait le bassin à pétrole de Rouen en 1899 et 1900. Ce cinq-mâts pétrolier, *sister-ship* d'une série de huit voiliers américains prénommés *Palmer,* fit sensation à Rouen à cause de ses cinq mâts très inhabituels à la fin du XIXe siècle et de son gréement curieux. En effet, il ne possédait pas de vergues sur ses mâts et ne portait donc pas de phares (voiles) carrés.

armoire et d'un caisson. A quelques mètres, il pourra préparer les repas, dans sa cuisine où trônent quatre gros fourneaux à bois. Le cuisinier y a la jouissance d'un pétrin et d'un four à pain.

Le moral de l'équipage est très tributaire de cet endroit. Si le pain est bon, tout va, mais gare si le fricot est raté ! Quel que soit le temps, le cuisinier, si critiqué des hommes car le repas n'est jamais assez bon, doit préparer deux repas par jour pour 36 hommes. Dans cette tâche il est seul, quelquefois secondé par un mousse. Coincé entre la chambre du cuisinier et sa cuisine, on trouve le petit carré des maîtres d'équipage. La surface n'y est pas bien grande, seule une petite table et deux petits bancs caissons peuvent y prendre place. Mais si le lieu est petit, la place est chèrement acquise. Pour arriver là, le matelot sorti du rang a dû montrer des qualités exceptionnelles qui l'ont distingué de ses camarades.

Sur tribord, c'est la cabine des maîtres d'équipage, où ils partagent la chambre à deux et, suprême distinction, les lits n'y sont pas superposés. Juste à côté, la cabine du mécanicien est légèrement plus grande, bien qu'il soit seul. Le mécanicien possède une chambre aussi grande que celle du 2e capitaine, signe, s'il en est, que la nouvelle aristocratie de la vapeur arrive à s'imposer au coeur même des voiliers. Au centre du centre, si on peut oser une pareille image, siège l'atelier du mécanicien, les chaudières du bateau et, bien-sûr, la soute à charbon. A nouveau, un puits d'expansion divise cette partie du bateau. Si l'on va de l'avant vers l'arrière, on trouve tout d'abord, à bâbord, une vaste cambuse aux provisions, meublée d'étagères doubles et de nombreux caissons, remplis de grosses caisses à biscuits. En face, à tribord, c'est l'atelier de voilure muni aussi d'une grande étagère. Enfin, au centre, deux cambuses contenant les réserves de vin et autres denrées. Sur le côté tribord, on discerne tout d'abord la cabine des deux maîtres d'hôtel et deux cabines contenant chacune un lit pour les pilotins. Ces jeunes gradés avaient droit à certains égards, les préparant à leur éventuelle fonction de commandant. A l'extrême arrière tribord, le commandant possède son salon personnel et son bureau, puis sa chambre garnie d'un canapé. Cependant, la

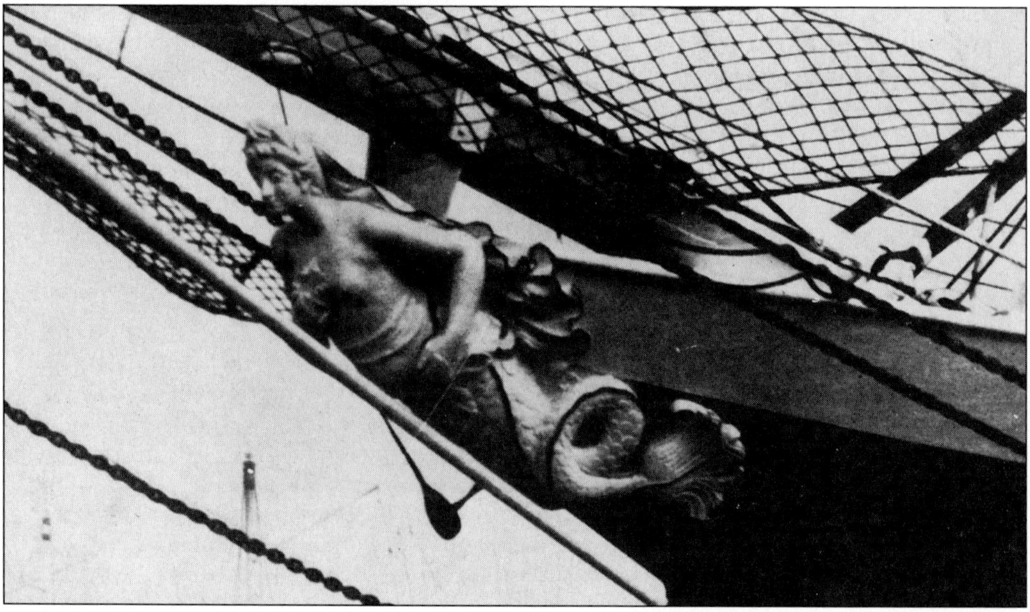

Le buste qui ornait le *Quevilly* était appelé "la poupée" par les marins.

pièce n'excède pas 12 m2 mais il bénéficie d'une salle de bain et de W-C personnels. A lui seul, il occupe une surface qui n'est pas loin d'atteindre celle d'un des carrés de l'équipage qu'utilisent dix hommes ! Au centre de l'arrière, c'est le grand salon, le lieu de la convivialité, où l'on rejoint les autres capitaines et les invités de marque. Ce salon coquet comprend un large canapé et dix fauteuils qui entourent une vaste table. Une cheminée finit de donner une note joyeuse et chaleureuse à ce lieu confortable. Non loin, au centre toujours, se trouve le carré des officiers. C'est le lieu où ils mangent avant de rejoindre le salon. Sur bâbord arrière, dorment deux mousses dans une petite cabine où les lits sont superposés. Il semblait naturel de séparer ces jeunes mousses, parfois âgés de seulement 13 ans, des matelots qui risquaient de trop les malmener. Quand sur un embarquement le *Quevilly* prenait trois mousses, le plus âgé, qui pouvait n'avoir que 16 ans, partait d'office dans un des carrés de l'équipage, il devenait alors souvent matelot léger pour l'occasion. A côté des mousses, on distingue la cabine du 2e capitaine, ainsi que les W-C des officiers. Enfin, à l'extrême bâbord arrière, deux confortables cabines de passagers d'un lit chacune, faisant suite à l'office où l'on rangeait le linge. Au total, le bateau pouvait loger 34 personnes, dix à l'arrière, 4 au centre et 20 à l'avant. Comme on a vu fréquemment des embarquements de 35 ou 36 hommes, il y a fort à parier que des hommes dormaient dans des hamacs de fortune tout le long du voyage. Quand un troisième capitaine était engagé, il devait loger dans une cabine de pilotin ou peut-être dans une cabine des passagers, pratiquement jamais utilisée. Logés sous la barre, les officiers avaient facilement accès à ce qui faisait la force vive du navire.

A l'avant, une proue conquérante et bien féminine aidait le *Quevilly* à fendre les flots. Cette statue mérite bien notre attention. A une époque où le fonctionnel et le pratique prenaient le pas sur l'esthétique, les voiliers jetaient un drôle de pavé dans la mare. Pour mieux affirmer cette spécificité, monsieur Prentout n'hésita pas à sacrifier à la tradition des proues de navire. L'originalité de la proue ne laissa pas indifférents les contemporains, comme on peut en juger dans cet article du *Journal de Rouen* intitulé "*Une décoration de navire*" : "*Samedi à deux heures, on lancera aux chantiers Laporte au Grand-Quevilly, un beau voilier quatre-mâts, le Quevilly, affrété pour cinq années pour faire les transports de pétrole de Philadelphie à Rouen. Ce navire, comme les précédents, fera honneur à la construction rouennaise, mais il offre une particularité curieuse que nous nous plaisons à signaler dès à présent. Les armateurs du navire ont estimé, à bon droit, que trop souvent, dans nos constructions de navires modernes, les figures décoratives ornant la proue et la poupe des bâtiments manquaient complètement de grâce et d'élégance. Oeuvres lourdes et raides de charpentiers de navire, elles n'ont plus cette grande allure des superbes décorations navales, qui ornaient autrefois les châteaux d'arrière des galères royales. Afin de revenir à ces traditions disparues de l'ancienne architecture navale, les armateurs ont demandé à l'un de nos plus habiles maîtres sculpteurs rouennais, monsieur J-B Foucher, de bien vouloir mettre son talent au service du navire sorti des chantiers rouennais. Monsieur J-B Foucher, dont on connaît les nombreux travaux décoratifs, a composé pour la proue du Quevilly, une charmante figure de sirène normande, dont le buste jeune et puissant se détache en avant, vigoureusement modelé, et dont le corps se termine, en replis écaillés, se tordant le long des flancs du navire. Sur le front de cette figure allégorique brille une étoile, tandis que le bras droit, élevé, soutient une torche enflammée, symbolisant le pétrole, source de lumière et de chaleur. Cette figure en ronde bosse, de 4 m 50 de haut, a été exécutée dans une bille de tulipier d'Amérique, qui mesurait 5 mètres de longueur sur environ 1 mètre de diamètre. Du reste, on pourra bientôt juger de la grâce de cette statue, car le modèle aux trois-quarts d'exécution doit être prochainement exposé chez monsieur Legrip, rue de la République. Antérieurement, monsieur Foucher (on peut voir encore aujourd'hui deux statues cariatides de Foucher qui ornent le Crédit du nord, rue Jeanne d'Arc à Rouen) avait sculpté pour le trois-mâts voilier, le Canrobert, sorti également des chantiers Laporte, un motif décoratif de 2 mètres de long, portant dans un enroulement de rinceaux de feuillage, l'écusson aux armes de Nantes. On ne peut qu'applaudir à cette heureuse tentative pour faire revivre cet art de décoration navale, qui, aux XVIIe et XVIIIe siècles, a fourni tant de chefs-d'oeuvre et auquel n'ont point dédaigné de contribuer d'illustres sculpteurs, comme Pierre Puget, dont on conserve encore à Toulon les superbes figures, qui ornaient le vaisseau le Magnifique, comme Coustou, Girardou, Coysevox, Philippe Caffleri, Ozanne, Jean Bérain, dont les compositions décoratives sont encore gardées, précieusement, au musée de la Marine, au Louvre. Des écoles de sculpture qui existaient alors dans chacun des arsenaux de France sont sorties de nombreuses familles de sculpteurs. Telle est, croyons-nous, l'origine de la famille de nos sculpteurs rouennais : les Gilloux".*

En conclusion, l'auteur insiste sur l'image du "bon goût français" qui allait ainsi être véhiculée auprès des Américains. Ce souci esthétique, qui sacrifiait à une tradition malmenée par la vapeur, est révélatrice de l'état d'esprit des derniers armateurs de la voile. Un voilier est beau de part ses formes, ses voiles, sa mâture. La proue, pour inutile qu'elle soit, représente l'image de marque du navire. Même le pétrole, connoté négativement aujourd'hui, synonyme de marée noire, prend ici une figure allégorique : la torche enflammée. Cette tradition artistique de la marine sera reprise plus tard par la décoration des grands paquebots transatlantiques. Cependant, gageons que cette fantaisie, payée par l'armateur malgré les coûts de production particulièrement serrés de ces voiliers, illustre de manière bravache la défense de la marine à voile et porte témoignage d'une histoire à laquelle on ne se résignait pas à mettre fin.

Jean-Baptiste Foucher sculpta ce projet en plâtre de la proue du *Quevilly*. Cette proue était le plus souvent, la seule présence féminine à bord.

II
Vogue le navire

Le lancement du *Quevilly*

Ce vingt mars 1897, c'est la fête à Quevilly. Pas moins de 6 000 personnes se pressent aux chantiers de Grand-Quevilly. La prospérité règne sur les chantiers, les quatre cales sont occupées et le carnet de commandes est plein. En effet, *le Biessard*, *la Valentine*, *le Hautot*, *l'Alice*, *la Suzanne* et d'autres bateaux encore sont en commande. Mais ce jour là, "la vedette" c'est le *Quevilly* qui a déplacé la grande foule. C'est à un vrai spectacle que sont conviés les curieux qui affluent sur les bords de la Seine. Tous les moyens de locomotion ont été requis : les bateaux-omnibus, comme il en existait encore au début de notre siècle, les tramways, le chemin de fer, les voitures de places mais beaucoup n'hésitent pas à venir à pied. La journée est belle et la pluie épargne les badauds. Pas de doute, c'est le spectacle du jour. Les enfants des écoles, eux-aussi, participent à l'allégresse ambiante. L'école de Grand-Quevilly, bonne mère, leur accorde une journée de congé pour l'occasion !

Les dames en claires toilettes côtoient des messieurs chics, car le gratin du port est sur son trente et un. Le Rouen bien pensant et catholique suit avec intérêt la cérémonie religieuse de monseigneur Sourrieu. C'est l'archevêque de Rouen en personne, rien de moins, qui bénit le navire, preuve s'il en est de l'exceptionnelle importance de ce baptême. Pour des bateaux plus ordinaires, le curé de Grand-Quevilly faisait habituellement l'affaire, mais aujourd'hui on ne lésine pas. Il vaut mieux s'adresser au bon Dieu qu'à ses saints pour un tel bateau. Le petit peuple du port, c'est-à-dire les ouvriers de la rive gauche, est présent aussi. Mais aujourd'hui, les lecteurs des feuilles socialistes pactisent avec ceux du *Journal de Rouen*, tout à la joie de l'événement. Les

Le *Quevilly* avant le *Quevilly* ! Le voilier est ici en construction en 1896. La foule juchée sur les appontements du chantier assiste au lancement de son *sister-ship*, le *Dunkerque*. Les règles de sécurité ne semblent pas être draconiennes.

L'archevêque de Rouen, monseigneur Sourrieu, bénit le *Quevilly*.

ouvriers des chantiers s'affairent pour préparer le voilier au lancement, mais beaucoup n'ont pas trouvé place près de la cale. Monsieur Guénin, commissaire central de Rouen, et monsieur Legrand, le chef des sergents de ville, ne savent plus où donner de la tête. On se penche un peu partout et on n'est pas toujours docile aux recommandations des agents, mais chacun veut voir, et c'est bien naturel.
Il est 15 h 30, ça y est, le grand moment est arrivé. La marée haute, indispensable au lancement, est enfin arrivée. On jette alors du sel et du blé pour la bonne vie du navire, la marraine, madame Lemarchand, coupe la dernière attache qui relie le navire à la cale et le champagne se brise sur la coque. Le "ber" a été parfaitement graissé et le navire, sans hésiter, aborde sa descente vers le fleuve. L'échauffement des glissières sous le frottement de l'énorme poids provoque un tourbillon de vapeur d'eau. Majestueusement, le géant glisse dans la rivière. Une immense clameur envahit le chantier, les applaudissements crépitent, on trépigne, on crie, ça y est, il est à l'eau, il est devenu un véritable navire. Pas encore un voilier, car seuls les bas mâts sont installés, la mâture n'est pas encore montée, mais en tout cas il flotte. Une "Abeille" lui lance une amarre et le prend en remorque. Docilement, le *Quevilly* se range le long du quai. Un petit goûter est servi aux enfants et aux ouvriers du chantier, pendant ce temps, la bonne société est conviée au lunch. Cela aussi n'était pas habituel le jour des lancements de bateaux. Décidément, le *Quevilly* se distingue des autres, chacun a le sentiment que ce n'est pas un mauvais navire que l'on a construit là, et l'avenir ne les contredira pas.
La fête terminée, le travail reprend de plus belle. Le *Quevilly* est déjà bien avancé le jour du lancement, car on a pu se servir des treuils et des guindeaux à vapeur. Il faut maintenant monter les quatre mâts d'acier à l'aide d'une grue, la "bigue", ce qui n'est pas une mince affaire. C'est le moment où le bateau est le plus vulnérable aux coups de vent, car il n'est pas encore bien équilibré, comme va le montrer le chavirage de *L'Europe* trois mois après. Sur les mâts immenses, on fixe maintenant les vergues. Des kilomètres de filins de câbles, de grelins, de haubans, de galhaubans se révèlent nécessaires pour gréer une telle mâture. Les cabestans bénéficient des dernières nouveautés techniques. Les cabestans du gaillard d'avant peuvent être manoeuvrés à

Le *Quevilly* glisse sur son ber. L'échauffement est intense comme le montre la fumée qui se dégage du glissement.

Le lancement est réussi. Parfaitement posé sur l'eau, il n'y a plus qu'à ramener le bateau le long du quai. Le nom du navire, celui du port d'attache et le chiffre des armateurs, en lettres de bronze, sont placés sur le tableau arrière. Le nom du navire est aussi placé de chaque côté du gaillard, au-dessus du cordon prolongeant la lisse supérieure du pavois. Il est gravé sur une plaque en tek, placée dans la partie supérieure du fronteau de la dunette.

La proue, bien visible sur cette photo, est déjà posée à l'avant du navire. L'ouverture des coffres sur le côté tribord est mise en évidence par l'absence des mâts. Très haut sur l'eau, le *Quevilly* manque de lest, il est donc fragilisé à ce moment-là.

la main ou à la vapeur, suivant les besoins. Grâce à eux, les hommes peuvent maintenant border 150 m2 de toile chacun ! Enfin, des passerelles, bien pratiques, évitent aux hommes de descendre inutilement dans les coffres pour passer d'une partie du navire à une autre, d'autant plus que ces coffres, limités à l'avant par le gaillard et à l'arrière par la dunette, sont souvent inhabitables, voire dangereux, par suite des énormes paquets de mer qui les envahissent sans cesse. En effet, le *Quevilly*, très lourd, ne s'élève pas beaucoup à la lame comme les petits bateaux ; il passe dans la mer qui le recouvre en partie sans encombre. Le lancement s'est bien effectué, mais tout reste à faire ! La foule se disperse en commentant l'événement spectaculaire.
Le cinéma vient juste de naître, mais aucun bateau n'a vu son lancement filmé en 1897, le cinéma est encore trop jeune. On peut le regretter mais, heureusement, un photographe amateur, Louis Chesneau, veille. Ce membre du photo-club de Rouen n'a de cesse de fixer sur ses plaques de verre tous les événements qui lui semblent dignes d'intérêt pour la postérité. L'ère de la carte postale n'a pas encore réellement commencé, il n'y a donc pas d'autres traces de ce lancement que ces quelques photos si précieuses. Non content de nous avoir conservé ces documents, il revient quelques jours plus tard pour reprendre une photo de montage du grand mât par la bigue et, enfin, il reprend une dernière photo du *Quevilly* tout pavoisé, le jour de son premier départ ! Après un travail intense des ouvriers et des architectes, le bateau est enfin prêt pour la visite d'agrément du bureau Véritas. Le navire reçoit ensuite sa francisation par le quartier maritime de Rouen et son signal radio : KSFM. Il n'a plus maintenant qu'à accueillir son nouvel armement, les armateurs demandent au capitaine Chotard de choisir alors ses hommes.

On distingue un remorqueur à l'arrière, alors qu'un autre, non visible sur la photo, le maintient à l'avant par une aussière.

Le premier voyage

Le 5 juin 1897, l'équipage se présentait comme suit : Chotard, Alphonse, capitaine, 38 ans, venant de Saint-Malo ; Morjon, Etienne, second, 36 ans, de Saint-Nazaire ; Morand, Etienne, lieutenant mais d'abord maître d'équipage, 31 ans, de Saint-Nazaire ; Obrien, Auguste, second maître, 24 ans, de Saint-Malo ; Larripon, Yvon, cuisinier, 33 ans, de Paimpol ; Hidement, Yves, novice, 19 ans, de Paimpol ; Guéga, Lucien, mousse, 16 ans, d'Auray ; Huet, Paul, élève lieutenant, 19 ans, de Paris ; Nahamd, Paul, chauffeur mécanicien, 31 ans, du Havre ; Saunier, François, matelot, 28 ans, du Havre ; Roussel, Joseph, matelot, 32 ans, de Dinan ; Picard, Célestin, matelot, 31 ans, de Vannes ; Bersihand, Jules, matelot, 20 ans, de Saint-Brieuc ; Lemelle, Albert, matelot, 19 ans, du Havre, Le Téno, Pierre Marie, matelot, 41 ans, Saint-Brieuc ; Duffin, Jacques, matelot, 42 ans, de Paimpol ; Le Canec, Yves-Marie, matelot, 32 ans, de Binic ; Le Martret, François-Marie, matelot, 31 ans, de Lannion ; Tilly, Jean-Marie, matelot, 31 ans, de Saint-Malo ; Sigorel, Hyacinthe, matelot, 26 ans, de Tréguier ; Collin, Yves-Marie, matelot, 24 ans, de Paimpol ; Lequellec, Joseph, matelot, 26 ans, de Tréguier ; Passec, François, mousse, 16 ans, du Croisic ; Prigent, Jean-Marie, matelot, 30 ans, de Morlaix ; Achar, Eugène, matelot, 38 ans, du Havre ; Dauphin, Pierre-Marie, matelot, 29 ans, de Paimpol ; Hoderfé, Jean-Marie, matelot, 32 ans, de Dinan ; Quenel, Joseph, matelot, 26 ans, de Belle-Ile ; Boulard, Louis, matelot, 23 ans, de Tréguier ; Brière, Adrien, matelot, 29 ans, de Belle-Ile. Quand on examine la moyenne d'âge de ce premier équipage, on s'aperçoit que la jeunesse domine : 28 ans et demi d'âge moyen pour l'ensemble de l'équipage, y compris avec le vieux "grand mât", le capitaine Chotard qui, avec ses 38 ans, fait figure de Mathusalem. Les deux mousses ont 16 ans. Seuls deux marins atteignirent la quarantaine (la retraite sonnait en principe à 50 ans) mais il faut dire que la mer abîme les hommes très tôt et que les exigences de la vie de funambule à poigne usent vite la

Plusieurs jours plus tard, la bigue est en train de mâter le *Quevilly*. Le navire est encore très haut sur l'eau.

machine humaine. L'équipage est breton, du capitaine aux mousses, 25 Bretons pour 4 Havrais et un jeune inscrit de Paris, l'élève lieutenant Huet, dont ce voyage va être le premier. Entre le mythe de la voile et ses études très académiques, le jeune Huet parviendra-t-il à contracter le virus pour de bon ? Combien de jeunes, passionnés par la mer dans les livres, sont rentrés chez eux, déçus par une réalité cinglante et ont abandonné le métier. D'autant qu'il ne doit pas trop compter sur la mansuétude de l'équipage, qui se rit des marins en chambre. Par contre, s'il sait faire preuve de courage, une ombre d'admiration pour ce blanc-bec qui ne s'en laisse pas compter courra sur le visage des matelots. Quant au commandant Chotard, malgré ses airs rudes, il appréciera ce jeune lieutenant qui fera un excellent capitaine plus tard, parfois même peu de temps après. Les jeunes capitaines de tout juste 25 ans ne sont pas rares à cette époque, où les plus âgés commandent de grosses unités à vapeur. Regardons par exemple le rôle d'équipage de 1899, nous y voyons un jeune lieutenant nommé Cousin, élève de la marine marchande. Ce lieutenant apprend le métier pour 60 francs par mois, à peine plus qu'un simple matelot. C'est ce même Cousin que l'on va retrouver comme commandant du *Quevilly* à partir de 1902, il aura alors 26 ans seulement. Il aime tellement ce bateau qu'il en demandera à nouveau le commandement en 1907. Si l'omniprésence des Bretons dans l'armement du *Quevilly* se vérifiera toujours, à raison de deux Bretons pour trois marins, on constate dans les premiers armements la présence de quelques Rouennais : ainsi, les petits mousses Maurice Loup et Arsène Simon, âgés l'un et l'autre de 16 ans au moment de leur embarquement, et même d'un autre mousse de seulement 15 ans, Marcel Touchard. On relève aussi la présence du lieutenant rouennais André Gaine. L'équipage est bien sûr entièrement français, comme l'exige la loi française, ce qui permettait aux navires d'avoir des équipages plus homogènes.

Le 19 juin 1897, le *Quevilly* tout pavoisé connaît son grand départ. Neuf hommes seulement convoient le bateau sur la Seine ; ils parviennent au Havre le lendemain. C'est le 29 juin au matin que, remorqué jusqu'à cap Lizard, le voilier connaît pour la

Le 19 juin 1897, le *Quevilly* est enfin prêt à partir pour son premier voyage.

première fois la haute mer. Aux neuf hommes du convoyage, 21 marins et deux passagers se sont adjoints. Deux passagers c'est beaucoup dire, ils ont droit au titre de passager car ce ne sont pas des inscrits maritimes, il s'agit du mécanicien Gagu et de l'électricien Lorten mais, en fait, nos deux "passagers" vont effectuer plusieurs voyages à ce titre. Ce sont donc bien 32 hommes qui sont à bord. Le *Quevilly* ne prenait pas réellement de passager (sauf circonstances exceptionnelles car dans le premier armement de 1913 le rôle d'équipage mentionne deux mécaniciens, un ingénieur, sujet allemand et un sujet autrichien), comme le faisaient certains voiliers encore à l'époque, mais il rapatriait parfois ses matelots malades avec le titre de passager.
Ce premier voyage se passa sans histoire et, après 43 jours de mer, le *Quevilly* remonta le large estuaire de la Delaware. Après avoir passé Breakwater, le bateau se fit remorquer jusqu'à Marcus-Hook, le terminal pétrolier de Philadelphie. Marcus-Hook est un lieu-dit à une quinzaine de kilomètres de Philadelphie, il est tellement désert que les hommes le surnomment rapidement "le bled". C'est dans cet endroit un peu sinistre, que le *Quevilly* aborde pour la première fois la côte américaine. Inutile de dire que traîner dans les bars de Philadelphie relève de l'exploit dans ces conditions. D'autant plus que le chargement va vite et que les armateurs ne laissent pas inutilement leur bateau stationner à Marcus-Hook. Six jours furent nécessaires pour ce premier chargement. On peut penser que l'inexpérience dans l'utilisation des machines de remplissage des citernes en est la cause. Il fallait bien s'adapter au nouveau matériel. La présence des deux passagers à ce premier voyage, le mécanicien et l'électricien, doit s'expliquer par l'initiation qu'ils durent vraisemblablement donner pour expliquer la manipulation des pompes de remplissage. Par la suite, il suffira de trois petites journées, parfois moins, pour remplir les tankers. Quant au vidage des cuves à Rouen, c'était encore plus rapide, deux jours suffisaient le plus souvent. Parfois, on a même vu le *Quevilly* repartir le lendemain de son arrivée ! On imagine que, dans ces cas là, les matelots n'avaient même pas le temps de "tirer une bordée" à terre. Ils reprenaient la mer pour un mois et demi sans avoir même sacrifié à Bacchus.
Le premier retour se déroula du 16 août au 13 septembre, soit en 26 jours. La première rotation du *Quevilly* était donc terminée. Il y en eut 85 dans son histoire, donc à 170 reprises le navire traversa l'Atlantique ! Pendant les cinq premières années un contrat liait l'armateur avec la Maison Deutsch & Cie. Jusqu'à présent, l'*Alice et Isabelle* couvrait les besoins en pétrole du sud de la France, alors que le *Ville de Dieppe* couvrait le nord. Mais, l'utilisation du pétrole se faisait de plus en plus sentir avec le tournant de la 2e révolution industrielle. Le *Quevilly* allait renforcer de façon considérable le transport du précieux liquide pour la France. Après ces cinq premières années, le voilier diversifia un peu plus ses voyages, allant où les cours étaient au plus bas et portant sa cargaison où ils étaient au plus haut. Ainsi, on le vit souvent à Rotterdam, Calais, Dunkerque pour l'Europe du Nord avec une nette préférence, cependant, pour Rouen. Curieusement, on le vit même à plusieurs reprises se contenter, dans les années 1920, du simple trafic Rouen-Le Havre et vice versa, la crise du fret se faisant trop sentir. Parfois, il risquait une incursion en Méditerranée, à Cette (orthographe de l'époque) par exemple et sur la côte atlantique à La Pallice. Aux Etats-Unis, il prit l'habitude de rallier le golfe du Mexique où les vastes champs pétrolifères du Texas venaient d'être mis en exploitation, mais c'est surtout à New York qu'il allait charger. Il s'amarrait alors aux docks du New-Jersey ou de Staten Island. Pour les marins du *Quevilly*, la découverte de Manhattan personnifiait beaucoup plus le miracle américain que le pauvre "bled" de Marcus-Hook !

La route

Le voyage le plus difficile pour le *Quevilly* s'effectuait quand il partait de Rouen vers les Etats-Unis. En effet, les vents sont, le plus souvent, défavorables dans ce sens et le voilier mettait souvent 10 jours de traversée de plus que dans le sens Etats-Unis-Europe. En fait, deux possibilités s'offraient à lui quand il partait pour l'Amérique, étant entendu que la route la plus directe, celle du tropique Nord, lui était interdite. C'est en effet une bande de calme que l'on surnomme d'ailleurs la bande des calmes tropicaux Nord. Pour bénéficier au mieux des courants et des vents, il devait donc partir par le Nord, une fois arrivé au cap Lizard. A la sortie de la Manche, où normalement il s'était fait remorqué, tout au moins avant l'ajout de ses moteurs auxiliaires, il partait alors au nord du tropique Nord, au-delà du 50e parallèle. Sur cette route, une zone de vents variables, le plus souvent orientés sud-ouest, domine. Cette route était souvent choisie en été, quand les vents s'y prêtaient, ce qui faisait bénéficier l'équipage de la longueur des jours de l'été boréal. Cependant, au passage de Terre-Neuve, et souvent même avant, les brumes et les tempêtes restaient très fréquentes. L'intérêt de cette route nord résidait donc dans sa brièveté par rapport à celle du sud, mais l'inconfort de ce voyage était notoire. Par contre, quand les tempêtes devenaient trop nombreuses, les capitaines choisissaient alors la route sud. Ils bénéficiaient de la bande d'alizés au nord de l'Equateur. Sur la route de Christophe Colomb, le *Quevilly* croisait alors au large des Açores et se laissait porter par les puissants alizés du Sud. Une fois parvenu au large de la Floride, il devait remonter le long de la côte américaine jusqu'à l'embouchure de la Delaware. Il ne restait plus qu'à faire une entrée triomphale et tranquille dans la large rivière. Si on a parlé des dangers que présentait la Seine, avec ses méandres sinueux, rien de tel dans la Delaware, beaucoup plus large. Cependant, des accidents pouvaient aussi survenir sur cette portion et c'est dans le port même de Marcus-Hook que l'*Alice et Isabelle* se coucha sur le wharf de déchargement, ce qui ne l'empêcha pas, après réparation, de reprendre sa route. Le retour vers l'Europe offrait moins de difficultés, car le *Quevilly* bénéficiait à la fois du courant du Gulf Stream et des vents dominants d'ouest. C'est, bien-sûr, dans ce sens qu'il effectuait ses plus belles traversées, au point que, même en Manche, il parvenait souvent sans l'aide d'un remorqueur à remonter jusqu'en rade du Havre.

Le Quevilly face aux dangers de la remontée en Seine

La navigation en Seine n'a jamais été vraiment de tout repos, même si ce fleuve est réputé tranquille. Rien de comparable, certes, avec les risques que le Rhône faisait courir à ceux qui, voulant économiser un temps précieux par rapport à la route, empruntaient aux XVIIe et XVIIIe siècles les barques des bateliers pour gagner la basse vallée du sillon rhodanien. Cependant, pour tranquille qu'elle soit, la Seine réserve des surprises que les bateaux ne savent pas toujours déjouer. Bien sûr, tout le monde connaît la fin de Léopoldine Hugo, victime du mascaret à Villequier et les "*Lamentations*" que cette triste noyade inspira au poète. Ce mascaret a connu, et connaît encore, une histoire qui mériterait à elle seule un roman. On pourrait peut-être l'intituler : "l'Arlésienne". En effet, rien de moins fidèle que ce mascaret, même si aujourd'hui ses effets sont peu spectaculaires. On a coutume de dire que les travaux d'endiguements, en particulier ceux de 1856, causèrent sa disparition. Or, antérieurement, il avait déjà connu de longues éclipses... pour mieux réapparaître. C'est donc un phénomène très irrégulier et rien ne permet de penser que sa forme la plus spectaculaire, avec sa vague remontante, ne se verra plus jamais.

Au début du siècle, de nombreuses photographies et cartes postales attestent que le mascaret existait encore bel et bien. Ce phénomène se produit au moment du flux de la mer et se traduit par une immense vague de la largeur de la Seine et haute de un à deux mètres sur les bords. Sa vitesse atteint 30 à 40 km/heure. Cette vague primaire est ensuite suivie d'autres vagues très fortes appelées éteules ou ételles, dont l'effet se fait sentir le plus fortement aux grandes marées. Bien sûr, un bateau comme le *Quevilly* se jouait de cette vague. Comment un navire gréé pour le Cap Horn aurait-il pu être gêné par cette "vaguelette" ? Les navires de son tonnage se contentaient d'être bien

Le port de New York allait devenir une destination courante pour le voilier après les cinq premières années où le *Quevilly* apontait à Philadelphie.

perpendiculaires à la vague, exercice facile pour les fins boscos de l'époque, pour que les effets du mascaret ne se fassent pas trop sentir. Cependant, le risque était réel pour les petits bateaux et même pour les plus gros. A Vieux Port, une petite chapelle fut élevée à la mémoire du *Roméo*, un vapeur, qui y fit naufrage le 21 septembre 1887, surpris par le mascaret. A certains endroits, le mascaret pouvait s'avérer fort dangereux. Ainsi, à Quillebeuf, ses effets se faisaient particulièrement sentir. Le port de pêche de l'estuaire était la principale station des pilotes de la Basse-Seine.
Et pour cause, Quillebeuf était appelé "le cimetière des navires", au point qu'en 1777, la Chambre de commerce de Rouen y avait installé un "magasin de sauvetage". C'est à Quillebeuf que les navires faisaient leur "posée" en attendant l'heure du flot. Le nombre important de bateaux dans le port rendait les effets de la vague particulièrement dangereux. Une fausse manoeuvre d'un bateau, la sortie intempestive d'une barque du port, pouvaient obliger un navire de fort tonnage à se mettre en travers de la vague. Dans un chenal peu manoeuvrant, tout pouvait alors arriver, c'est-à-dire l'échouage. A partir de 1890, pour éviter les accidents, un service de pilotage fut mis sur pied à Quillebeuf, grâce à un prêt consenti par la Chambre de commerce de Rouen. Trois voiliers pilotes furent alors mis en service avec pour mission de convoyer les bateaux de la baie de Seine jusqu'à Quillebeuf. Ce n'est qu'en 1910 que ces voiliers pilotes furent motorisés et remplacés par des bateaux pilotes.
Combien de fois ces trois bateaux pilotes à voiles de Quillebeuf ont sorti des bateaux de situations difficiles. Mais le plus souvent, le bateau échoué avait toutes les chances d'être perdu sous les coups des différents mascarets. Les marins de Quillebeuf qui, paraît-il, avaient un accent très particulier, une sorte de zézaiement sur la langue, ont vu disparaître ainsi quantité de marins. Les risques d'échouage restaient donc toujours aussi sérieux, car plus Rouen se transformait en port de mer, plus le tirant d'eau des bateaux devenait important. Si le tirant d'eau des caboteurs du milieu du XIXe siècle ne dépassait pas 3,5 m, celui du *Quevilly* atteignait 6,5 m. Le record enregistré à l'époque fut détenu par le *Olive Brand* de la Nouvelle-Orléans qui avait calé 7,17 m de

Le bassin à pétrole de Rouen avait été agrandi. Le voilier revenait donc régulièrement tout près de son lieu de construction.

tirant d'eau par vives eaux. Aujourd'hui, des navires calant 11 m de tirant d'eau parviennent à remonter jusqu'au pont Guillaume le Conquérant, grâce à un dragage très actif. Une bonne connaissance de la profondeur et du profil du chenal de la Seine devenait absolument nécessaire.

Dans les passages difficiles, on n'hésitait pas à faire passer les navires à 25 cm du fond. On imagine que si peu de marge ne permettait pas la moindre erreur de route. Chaque jour, il était nécessaire de sonder dans les points hauts pour s'assurer que rien n'entravait la route des bateaux de fort tonnage comme le *Quevilly*. D'autant plus que ce chenal jouait régulièrement des tours aux pilotes. En février 1901, on peut relever à ce propos dans le *Yacht* : "*Le chenal hors des digues à l'embouchure de la Seine s'est sensiblement modifié cet hiver. D'après le relevé des Ponts et Chaussées effectué le 15 décembre, le chenal à partir du méridien Gonfreville-Honfleur passe au nord-ouest pour se rapprocher à moins de 1 200 m au feu de Hoc ; De là, il redescend brusquement au sud-ouest et passe comme auparavant dans le sud du banc d'Amfard*". Régulièrement le chenal se déplaçait ainsi et il devenait nécessaire de le baliser au plus près à chaque fois que la fantaisie du fleuve le déplaçait quelque peu. De même, on relève dans *le Moniteur Maritime* du 29 mars 1903 cet article : "*On sait que le principal obstacle à la navigation en Basse-Seine réside dans la mobilité du chenal dans l'estuaire. En dépit de travaux incessants des ingénieurs des Ponts et Chaussées, des variations brusques, inattendues se produisent. Plusieurs modifications importantes étant survenues dans ce dernier temps et quelques accidents en ayant résulté, notamment l'échouement du steamer Ville d'Alger, l'administration des Ponts et Chaussées vient de décider d'abandonner le chenal du sud, utilisé depuis 1891 pour reprendre le chenal du nord qui était fréquenté de préférence vers 1886. Dans ce but un nouveau balisage a été effectué et les navires suivront désormais cette voie pour monter à Rouen*".

Ces changements de direction du chenal étaient le produit d'un courant de marée dont la force ne s'est jamais démentie. Ces effets du courant sont très perceptibles jusqu'à Poses et rendent parfois les appontements impossibles. Passé Quillebeuf tout danger était loin d'être écarté, tout au moins si on en croit les pilotes de la station de Villequier, dans leur adresse à la Chambre de commerce de Rouen qui souhaitait réformer leur statut de pilotes. Les délégués Poultier et Flambard insistent sur leur utilité, peut-être en accentuant les dangers encourus par les bateaux : "*Qui pourrait nier que de Villequier à la Mailleraye et de la Mailleraye à Rouen, il n'y a pas des dangers réels pour la navigation ? N'avons-nous pas toujours, si célèbres par tant de sinistres, la roche Brindel, les Richesses, le rocher de Caudeberquet, les Meules, le banc de Bardouville, de Croisset et bien d'autres écueils qui étreignent de leurs pointes dangereuses le chenal pour ne lui laisser qu'une largeur de 100 à 130 m*".

A les en croire, la Seine était donc un fleuve semé d'embûches. Mais les plus grands dangers qu'offre la Seine sont souvent d'origine humaine. On pourrait appeler cela le risque de l'incompétence, parfois de l'imprudence. Les rappels à l'ordre de la police maritime sont alors incessants. Le "*manuel d'instruction aux pilotes*" du port de Rouen donne des consignes strictes pour éviter les abordages. Ainsi, les courses de vitesse bord à bord sont interdites ! Après s'être frotté au grand large, la navigation en Seine devait sembler bien tranquille, peut-être trop tranquille pour certains. C'est alors que se commettaient les imprudences. La vitesse (déjà!) était mise en cause. La durée du trajet entre la pointe amont de l'île du Val-de-la-Haye et Villequier, ou vice versa, doit être de 4 h au minimum. De même, la vitesse est limitée autour de 5 noeuds dans le port de Rouen. On voit, par exemple, au cours du lancement d'un voilier, un bateau à moteur couper la route du voilier qui venait de quitter son ber ! Les collisions en Seine sont innombrables. En avril 1899, le vapeur anglais *Bedfort*, venant de la Méditerranée à Rouen fut abordé au mouillage de Yainville par le *steamer* anglais *Anna* qui descendait la Seine. Ce vapeur est parvenu à remonter jusqu'à Rouen pour faire réparer ses avaries. Parfois, une simple panne de machine pouvait laisser le bateau dérivant. Ainsi, le *Chamois*, qui appartenait à la compagnie des bateaux omnibus de Rouen, s'encastra contre le pont Boieldieu à la suite d'un arrêt intempestif de son moteur. Si le *Chamois* n'en coula pas pour autant, les collisions pouvaient avoir des conséquences plus graves. Ainsi, en 1897, une goélette anglaise, la *Wonder*, heurta une épave de plein fouet entre Berville et Honfleur. Elle coula d'autant mieux qu'elle était chargée de sable.

Ces épaves, nombreuses le long de la Seine, devenaient particulièrement dangereuses le jour où elles n'étaient plus repérables. Quand, après échouage, un bateau finissait par être complètement recouvert par l'eau, il se transformait en nouveau danger. Parfois, un simple tronc pouvait, sur les bateaux de petit tonnage, commettre des dégâts importants. enfin, un bateau, même au mouillage, n'était jamais à l'abri d'un fort coup de vent. La mésaventure de *l'Europe* est là pour nous le rappeler.

L'Europe, un superbe quatre-mâts, avait été construit en même temps que le *Quevilly* pour le compte d'un armement de La Rochelle, ainsi que son *sister-ship l'Asie*. Deux mois après le lancement du *Quevilly*, *L'Europe*, devant 2 000 personnes et avec la bénédiction du clergé de Petit-Quevilly, prenait place le long des appontements de Grand-Quevilly. *Le journal de Rouen* du 16 août 1897 narre son aventure : "*Un quatre-mâts chaviré. Un accident des plus graves est arrivé dans la nuit de samedi à dimanche, aux Chantiers de Normandie, au quatre-mâts Europe, qui a été chaviré par le flot et couché sur tribord. Vers minuit et demi, le gardien, monsieur Sunier, en compagnie d'un veilleur de nuit,*

Le *Quevilly* est allé une fois dans le port de cet ancien nom de Sète. Un photographe eut la bonne idée d'en garder un souvenir. On peut se mettre à rêver que Paul Valéry, qui aimait tant son port, l'a aperçu !

se trouvait dans les chantiers, à quelques mètres de la Seine, quand il vit le quatre-mâts qui était entraîné vers le milieu du fleuve. Les eaux, qui étaient tout d'un coup montées de plus de un mètre cinquante, avaient arraché la borne où L'Europe était amarré. Livré à lui-même, le quatre-mâts allait à la dérive selon le caprice du flot. Au bout de quelques minutes, il gagnait le quai et chavirait sur tribord, pendant que les mâts, les vergues et les haubans tombaient sur le sol avec un fracas épouvantable. Monsieur Sunier, absolument épouvanté par le bruit qu'une pareille masse venait de faire en tombant, s'empressait de rentrer dans les chantiers, et, par ses soins, on allait réveiller sans retard monsieur Prentout, le capitaine d'armement, monsieur Plisson et le capitaine du navire, monsieur Alaire, qui arrivaient bientôt sur les lieux. Monsieur Laporte, qui se trouvait à Duclair, où il était allé passer la journée du dimanche avec sa famille, était également prévenu en toute hâte et arrivait aux chantiers à cinq heures et demie du matin. L'aspect que présentait le quatre-mâts était navrant ; c'était un amoncellement de cordages, de ferrures et de mâts qui étaient enchevêtrés et brisés. Le mât intermédiaire, le grand mât et le mât de misaine étaient rompus en plusieurs endroits ; le mât d'artimon, seul, paraissait avoir été moins éprouvé et n'était brisé qu'à la flèche. La chute a eu lieu avec une telle violence qu'une vergue a été enfoncée à plus de 1 mètre 50, et qu'une autre, dans l'appontement, est ressortie de 3 mètres. Les vergues, en se brisant les unes contre les autres, déterminaient, au contact de leurs ferrures, des gerbes d'étincelles qui ont duré pendant une dizaine de secondes. La plupart des potences étaient tordues et toutes les forges qui se trouvaient sur le pont sont tombées à l'eau.

On n'a pu, dès hier, prendre les dispositions nécessaires pour relever le navire, car on a dû attendre que la compagnie d'assurance ait vérifié les avaries et calculé approximativement le chiffre des dégâts, qui sera très élevé. Ce n'est qu'aujourd'hui seulement, ou demain, que l'on pourra songer à relever L'Europe. Ce navire qui avait été lancé dans la première quinzaine du mois de juin était un des plus beaux spécimens des transports à voile sorti des Chantiers de Normandie ; il mesurait plus de cent mètres de longueur et jaugeait 3 500 tonneaux. Il avait

Il fallait parfois deux remorqueurs, placés à chacune des extrémités du bateau pour remorquer le *Quevilly* quand le vent était latéral.

été construit pour la maison d'Orbigny et Faustin de La Rochelle. Après son armement que l'on considérait comme terminé, il devait se rendre dans notre port, le 26, et accomplir en septembre son premier voyage en Amérique".

Un "coup de mer" pouvait se produire jusque sur les chantiers de constructions. Le *Croisset*, en 1900, subit le même sort. Les flots pouvaient parfois entraîner des catastrophes en chaîne. Ainsi, le trois-mâts barque *Jacques*, qui venait d'être lancé du chantier de Graville, en 1896, chavira dans le canal de Tancarville. Le *Jacques* n'était pas encore complètement accastillé et les ouvriers s'affairaient autour de lui pour les derniers aménagements. Le vapeur *Espérance* qui remorquait un chaland demanda l'ouverture des écluses pour passer le bassin de l'Eure. Le chaland entraîna alors de forts remous et le *Jacques* se trouva instantanément soulevé par le courant violent que l'ouverture des vannes occasionna. Poussé contre le quai dans un premier temps, il fut rejeté encore plus violemment du bord par contre-coup. Sous la tension des amarres, le trois-mâts s'inclina sur bâbord et finit par chavirer dans un fracas épouvantable. Les mâts s'abattirent sur le mur de la cale avec une telle force que la grille en fut brisée. Partout, ce fut un enchevêtrement de vergues et de cordages. Les ouvriers, terrorisés, se précipitèrent à terre, pour ceux qui travaillaient à bâbord, et, à l'eau, pour cinq d'entre eux qui ne virent leur salut que dans ce bain forcé.

Mais comme toujours, les catastrophes amènent les catastrophes. Comme on était en fin novembre, le poêle du bord était allumé. Aussitôt, un incendie se déclara dans les cambuses et les pompiers ne pouvaient intervenir facilement dans de telles circonstances. Heureusement, les dieux furent cléments pour le *Jacques* ce jour-là ; l'incendie fut quand même maîtrisé sans que le navire soit totalement perdu. Seuls la mâture et le gréement furent réellement touchés. On parvint par la suite à redresser le *Jacques* qui fut totalement réparé. Le bateau fit une carrière honorable, malgré ses lamentables débuts, puisqu'il fut vendu au Danemark en 1915. Comme on peut le constater, "la navigation tranquille" en Seine relève de l'euphémisme. Mais après les 130 km parcourus de Rouen à la mer, les vrais dangers commençaient, ceux qui sont la rançon de la mer.

Les dangers de la mer

Les mauvais jours commençaient régulièrement avec l'automne et, pendant plusieurs mois, les tempêtes succédaient aux tempêtes. Le *Quevilly* fit preuve de ses exceptionnelles qualités marines en échappant à toutes les attaques de la mer.
Pourtant, les tempêtes de décembre-janvier en Manche ou en Atlantique, ou bien les passages du Horn en toutes saisons n'avaient rien d'une partie de plaisir. Le destin le plus commun de ces voiliers était de sombrer, parfois corps et biens. Dans le meilleur des cas, la mâture cassait. Le *Ville de Dieppe*, en 1889, connut pareille mésaventure quand le petit mât de hune se brisa en entraînant dans sa chute le petit et le grand mât de perroquet. Le capitaine mit un point d'honneur à ne pas demander d'aide aux *steamers* qu'il croisait, et c'est avec des voiles de fortune qu'il brava la tempête et qu'il ramena sa précieuse cargaison à Dieppe. Le *Quevilly* eut la chance de ne jamais connaître pareille mésaventure. Par contre, il sut, à l'occasion, sauver des équipages en perdition. A la fin de sa carrière, de nombreuses plaques de reconnaissance, rappelant ses hauts-faits de sauvetage, ornaient fièrement le salon du bateau.
Ainsi, après une terrible tempête, le 25 novembre 1903, le *Quevilly* courait grand largue bâbord amures sans ses basses voiles et perroquets fixes, une grosse brise d'ouest le faisait avancer à belle vitesse quand il aperçut, à 100 milles tout au plus des côtes américaines, non loin de l'entrée de la Delaware, un *shooner* en perdition, dont les deux mâts sortaient de l'eau par bâbord devant.
Par chance pour lui, le navire nommé *Ira-Bliss* transportait du bois américain. Si cette cargaison n'avait pas été à bord, l'*Ira-Bliss* aurait eu toutes les chances de sombrer sans laisser de trace, mais heureusement pour le capitaine Edward qui le commandait, le bois a des facultés de flottaison que le silex ignore. La situation du *shooner* paraissait d'autant plus désespérée que le coup de vent qui l'avait mis dans cette position difficile avait tendance à forcir et la mer, complètement démontée, ne laissait que peu d'issues au capitaine et à ses cinq hommes. Pour ne rien arranger, les canots de sauvetage de la goélette avaient été enlevés par la mer en furie. On connaît le courage des marins et la solidarité qui règne dans ce milieu, mais ce jour-là, les candidats pour sauver les hommes de *l'Ira-Bliss* se firent bien rares. Trois *steamers* avaient croisé près du bateau en perdition mais aucun ne s'était proposé pour l'aider.
Il faut dire que quand la tempête se déchaîne, repérer un navire à moitié immergé n'est pas chose facile ; il n'est pas impossible non plus que les *steamers* en question aient jugé qu'ils n'étaient pas en état de porter secours aux naufragés. Depuis vingt-six heures, l'équipage en perdition s'était réfugié dans la dunette et dans la mâture qui seules émergeaient de l'eau. La goélette était partie dix jours plus tôt de Saint-John et elle n'avait connu que du gros temps qui l'avait entraînée au large de la côte. Une voie d'eau importante s'était déclarée et l'équipage n'avait pas pu la colmater. Peut-on décrire les souffrances de ces hommes, la mer les ballottant, la faim les tenaillant, le froid les mordant, la fatigue les harassant, la peur les affolant. La mer ne voulait pas mollir et les Américains voyaient leur dernier moment arriver... Le *Quevilly*, qui venait de quitter l'Amérique, vit les naufragés et le commandant Cousin n'hésita pas un instant. Tout devait être fait pour sauver les pauvres marins. On sait la difficulté qu'il

y a à sauver des naufragés, même avec des bateaux à moteur. Mais quand c'est un grand voilier qui se livre à ce genre d'exercice, cela relève de l'exploit. Or, le *Quevilly* ne possédait pas encore de moteur à cette époque. Après avoir manoeuvré pour se rendre à côté de *l'Ira-Bliss*, le *Quevilly* se mit en panne, bordant ses voiles à contre. Il ne fallait pas être trop près pour ne pas risquer d'être brisé contre l'épave de *l'Ira-Bliss*, mais pas trop loin pour permettre le sauvetage. Le capitaine Cousin fit mettre une embarcation à l'eau et son second, monsieur Barbé, désigna six hommes de l'équipage. Mettre à l'eau le canot de sauvetage ne s'avéra pas partie facile, quant à faire monter les six rescapés dans la barque, dans l'état lamentable où ils se trouvaient, on se demande comment cela fut possible. Trois longues heures d'efforts furent nécessaires pour ce sauvetage. Les naufragés, une fois à l'abri sur le robuste *Quevilly*, furent aussitôt réconfortés, nourris et remis sur pied rapidement. Remplis de gratitude, les Américains firent tout pour se rendre utile à bord du *Quevilly*. Quand, le samedi 19 décembre 1903, le *Quevilly* se rangea le long des quais du port de mi-marée de Dieppe, il déposa six Américains qui revenaient de loin, de bien plus loin que des côtes américaines. Le capitaine Edward, éperdu de reconnaissance, adressa ce message aux hommes du *Quevilly* : "*Moi et mon équipage désirons exprimer nos sincères remerciements à monsieur Barbé, le second, et aux six hommes de l'équipage qui nous ont sauvés dans le canot du bord du Quevilly et nous désirons ajouter que le capitaine Cousin et tous à bord ont agi pendant le sauvetage aussi bien que pendant le voyage de la manière la plus humanitaire et nous ont prodigué tous les soins possibles et sans eux nous serions morts de froid et de faim*".

Les gens de mer n'ont pas la réputation d'avoir le discours prolixe mais on peut être persuadé que le coeur y était, d'autant plus, qu'avant de partir, le capitaine Edwards fit remettre au capitaine Cousin le baromètre qu'il avait sauvé au cours du naufrage. La Chambre de commerce de Rouen ne voulut pas être en reste. Elle tint elle aussi à témoigner sa reconnaissance aux hommes du *Quevilly*, c'est pourquoi le capitaine Cousin et son second, monsieur Barbé, reçurent une médaille de vermeil. Quant aux six hommes des canots de sauvetage, ils eurent droit à une médaille d'argent, mais de prime, point. C'est ainsi qu'on récompensait les hommes dans la marine. Le sauvetage de *l'Ira-Bliss* rentra dans l'histoire du *Quevilly* sous la forme d'une plaque commémorative que le navire porta comme une décoration.

Les dérélicts, ou plus simplement les épaves, faisaient courir aussi de grands dangers aux bateaux. Ainsi, en 1889, on a vu 1 100 capitaines anglais signer une pétition pour qu'on débarrasse les épaves de l'Atlantique. On finit par affréter deux navires de guerre qui avaient mission de rechercher et de couler ces épaves. Combien de fois a-t-on vu des navires, parfois très grands comme le trois-mâts barque *Siddartha*, flotter entre deux eaux à cause de leur chargement de bois. La revue *le Yacht* rappelle dans un article de 1899 les dangers des épaves : "*Bien des navires portés manquants ont dû finir en coulant contre une épave. Entre 1887 et 1891, 957 épaves avaient été signalées comme flottant à la dérive entre le 52e degré de longitude ouest et la côte d'Amérique. On admet en moyenne vingt épaves flottant dans l'Atlantique Nord. Un trois-mâts barque, le Vicenzo Perotta, abandonné en septembre 1887 à 600 miles des Bermudes s'échoue à Nortling Island en avril 1889 soit 3 000 miles en 536 jours !*".

Le *shooner* américain *Wyer O Sargent* parcourt 5 500 miles mais le record reste au *F. Worston*. Naufragé en octobre 1891, il fait le tour de l'Atlantique Nord et repasse, en mai 1894, par le même point ! On voit ici que le sens des courants était déterminant pour influer sur la route d'une épave, mais que surtout un dérélict pouvait, pendant des années, représenter un danger mortel pour des bateaux tels que le

Quevilly. Si les capitaines anglais avaient signé cette pétition, c'est certainement parce qu'ils ne se sentaient pas en cause dans cette histoire de multiplication d'épaves. Ils se vantaient du peu d'épaves britanniques, car les coupables, en l'occurrence, étaient en majorité les Américains, dont les goélettes coulaient souvent.
Le *Quevilly* en rencontra bien souvent. C'est même l'une d'elle qui le fit rentrer dans la légende de la marine à voiles, car l'histoire qui lui arriva en avril 1907, fit couler beaucoup d'encre. Nous allons le voir, une légende part d'un fait réel qui, pour des besoins divers, va s'enfler démesurément. La rencontre du *Quevilly* avec l'épave du *Everet Webster* fut contée à plusieurs reprises et de plus en plus romancée. Voici comment le commandant Louis Lacroix dans "*Les derniers grands voiliers*" relate l'affaire : "*Avant de couler une épave, il est toujours prudent d'essayer de monter à bord. En 1907, on avait signalé comme épave dangereuse le trois-mâts goélette Everest-Webster de New-Jersey. Le navire envoyé pour le couler ne put le retrouver. Or, quelques semaines après, le grand quatre-mâts Quevilly, de Rouen, qui navigue encore, retrouva l'épave, l'avant défoncé dans l'eau. Son arrière seul émergeait. Le temps le permettant, une embarcation fut mise à l'eau et un officier put monter à bord. Tout semblait désert, quand il eut l'idée de monter sur le roof arrière ; il y trouva tout l'équipage, à demi-mort, réfugié dans les couchettes supérieures et trop faible pour faire un mouvement*". Déjà, le nom du bateau était mal orthographié, car il ne s'agissait pas de *l'Everest-Webster* mais bien de *l'Everet-Webster*. Quelques années plus tard, l'historien de la marine... et du mystère, Robert de la Croix, dans un numéro de *Miroir de l'Histoire* de mars 1970, en fit ce compte-rendu intitulé : "*Les vaisseaux qu'on appelle fantômes*" : "*L'épave d'une goélette américaine, l'Everest-Webster, dérivait, elle, depuis un mois lorsque le quatre-mâts français Quevilly la rencontra, au mois de mars 1907. Intrigué, le commandant du bâtiment fit mettre une embarcation à la mer. Un lieutenant put grimper à bord de l'épave dont le pont à fleur d'eau était balayé par les lames. Il se dirigea vers la dunette, suivi de quelques matelots. Puis il redescendit dans le poste et poussa à grand peine une porte gonflée d'eau qui, en grinçant, lui*

Le mascaret pouvait prendre des aspects très spectaculaires au début du siècle. Il représentait un véritable danger pour les petits bateaux.

ouvrit enfin le passage. Alors il vit... il vit des hommes aux visages livides, aux longues barbes, qui le regardaient, les yeux dilatés. Le lieutenant approcha des cadavres et soudain recula. L'un deux avait levé le bras. Un autre ouvrait la bouche. Un troisième parlait ou plutôt essayait d'articuler des paroles et tous maintenant remuaient sur les couchettes où ils étaient étendus. Ces morts bougeaient, tentaient de se lever : l'équipage de l'Everest-Webster vivait toujours. Affamés, paralysés par le froid et l'humidité, ayant épuisé toutes leurs provisions, trop faibles pour faire encore des signaux, les rescapés n'attendaient même plus un miracle".

On constate que le bateau a gardé le nom donné par Lacroix et que la légende prend forme peu à peu car l'erreur du commandant Lacroix qui laissait entendre que l'épave dérivait depuis quelques semaines ouvrait les portes à toutes sortes de supputations. Les "demi-morts" du capitaine Lacroix devenaient en toute logique des "cadavres vivants" pour Robert de la Croix. Plusieurs années plus tard, le journal *les dossiers histoire de la mer*, de novembre 1979, consacrait son numéro aux "vaisseaux fantômes". Et là, tout naturellement, Michel Maule relata ainsi la curieuse rencontre du *Quevilly* avec la goélette américaine, "*Les vivants, les morts et les marins*" : "*... Car les dérélicts sont parfois habités. Habités par des hommes qui illustrèrent l'axiome du philosophe grec Anacharsis : 'Il y a au monde trois sortes d'êtres : les vivants, les morts et les marins'. En mai 1907, le quatre-mâts Quevilly rencontra dans l'Atlantique l'épave de la goélette américaine Everest-Webster. Ce dérélict errait depuis un mois et sa présence avait déjà été signalée par de nombreux navires qui avaient attiré l'attention des navigateurs sur le danger qu'il présentait. Il était complètement immergé à l'exception de la dunette arrière qui s'élevait encore à quelques mètres au-dessus de l'eau. Un garde-côte avait appareillé pour le détruire, mais ses recherches avaient été infructueuses. L'épave semblait insaisissable. On pensait qu'elle avait coulé lorsque les hommes du Quevilly l'aperçurent. La mer était très calme et, sur les vagues éclairées par la lumière du matin, l'arrière posait une tâche noire et sinistre. Le commandant du Quevilly, intrigué par cette fameuse épave qui dérivait depuis un mois, fit mettre une embarcation à la mer. Surtout par curiosité, car il était impossible de la remorquer et il ne possédait aucun moyen de la couler. Un lieutenant monta à bord. L'épave était dangereuse, en effet, avec son pont à fleur d'eau et ses mâts mutilés qui auraient pu s'enfoncer dans la coque d'un navire abordeur comme des éperons. Le lieutenant se dirigea vers la dunette. Elle était déserte. Il y chercha des documents qui lui permettraient de savoir la cause de l'abandon du navire. En vain. Il descendit ensuite dans le poste. Il poussa à grand peine une porte gonflée d'eau. Une odeur indéfinissable de moisissure aux relents âcres lui sauta au visage. Il recula d'un pas. Dans une sorte de pénombre glauque, il discernait des corps étendus sur les couchettes ou même sur le plancher. Des corps d'hommes aux visages livides, aux longues barbes, aux yeux dilatés. Le lieutenant s'approcha des cadavres. Il tressaillit. L'un des cadavres avait levé le bras. Un autre ouvrait la bouche. Un troisième parlait ou plutôt tentait d'articuler des paroles. Et tous maintenant remuaient, essayaient de se lever, émettaient des sons rauques. Ils ressuscitaient de leur tombe marine ! L'équipage de l'Everest-Webster, ce dérélict qu'on tentait de couler depuis un mois et qui déjouait toutes les recherches, l'équipage vivait toujours ! Affamés, paralysés par le froid et l'humidité, ayant épuisé toutes leurs provisions, trop faibles pour faire encore des signaux, les rescapés gisaient sur leurs couchettes, sans espoir, et attendaient la mort*".

En fait, l'histoire est belle et bien racontée mais comporte de nombreux points d'inexactitude. Si l'on consulte la relation de l'événement dans *le Petit Rouennais* et *le Journal de Rouen* de l'époque, il en va tout autrement de ce qui est dit ici. En fait, *l'Everet-Webster* ne dérivait pas depuis trois semaines ou un mois, mais seulement

depuis quatre jours, car c'est le 9 avril qu'il fut assailli par une violente tempête et c'est le 13 avril vers midi que le *Quevilly* l'aperçut au large de Terre-Neuve. De plus, les hommes de la goélette n'étaient pas des morts-vivants sans aucune force, mais, même si cela est moins romantique, moins fantomatique, des marins épuisés par quatre longues journées de tempête et non moins affamés. Ils devaient avoir quelques forces, car c'est bien parce qu'ils ont envoyé des signaux de détresse que le *Quevilly* s'est détourné vers l'épave !
Ainsi, toute la dimension, disons poétique, de l'affaire s'effondre et fait place tout simplement à un sauvetage, héroïque certes, mais fort classique dans sa forme. On serait tenté de trouver cela dommage, mais il faut bien le dire, les grands mystères de la marine sont souvent expliqués de façon simple, même si notre imagination a besoin de cette part d'irrationnel. Reprenons donc l'épisode de ce sauvetage qui, malgré tout, prit une dimension assez étonnante.
L'Everet-Webster était un petit *shooner* du port de Philadelphie et il avait quitté Wilmington, en Caroline du Nord, pour rallier Philadelphie avec un chargement de bois. Le 9 avril, une terrible tempête le mit en péril et finit par lui enlever sa pontée de bois et toutes voiles. Le rapport du capitaine Ladonne mentionne que toute la partie avant était immergée et la mer balayait furieusement tout le pont et avait emporté les roofs. Très vite, le navire fut rejeté vers le large alors qu'il était destiné plutôt au cabotage. Bientôt, sous la violence des coups de mer, toute la superstructure de la partie avant ainsi que les cabines furent détruites. Les hommes ne purent trouver leur salut qu'en se réfugiant à l'arrière et le bateau devint totalement inhabitable. L'ouragan ne ménagea pas le pauvre équipage constitué du capitaine Maxwell et de six matelots. Ils durent bientôt se réfugier dans la dunette, ne pouvant ni dormir, ni manger d'autre nourriture que du biscuit trempé par l'eau de mer. Là, ils ramassèrent quelques effets et quelques vivres en les couvrant de débris de voiles.
La peur au ventre de voir céder leur navire sous les coups de la mer en furie, les hommes attendirent d'hypothétiques secours. La situation devint franchement intenable quant au loin, à deux reprises, malgré leurs signaux de détresse, des vapeurs croisèrent leur route sans se détourner. Il faut dire que, dans ces moments-là, repérer un bateau en perdition n'est pas tâche facile, d'autant plus que les vapeurs en question n'étaient peut-être pas en état eux-mêmes de lui porter secours. Toujours est-il que pendant cinq longues nuits la tempête ne faiblit que très peu. Il n'avait cessé de régner, aux dires même du capitaine Ladonne, sur les côtes d'Amérique, de violents coups de vent d'ouest et c'est cette succession de mauvais temps qui avait entraîné la goélette au large. Elle se trouvait alors dans les parages dangereux de la limite du courant chaud du Gulf Stream et du courant froid côtier. La nuit qui avait précédé le sauvetage, un violent coup de vent avait fait rage dans les parages. Le capitaine Ladonne ajouta que le *Quevilly* en avait profité pour faire bonne route, preuve s'il en est des exceptionnelles qualités marines du voilier.
Les sept Américains vécurent donc un véritable calvaire. Enfin, le 13 avril, à l'appel de leurs signaux de détresse, le *Quevilly* put se porter à leur secours. Ici, il faut bien le dire, le grand voilier fit preuve d'une grande maîtrise comme pour le sauvetage, quatre ans auparavant, de *l'Ira-Bliss*. Le capitaine Ladonne, qui effectuait son dernier voyage avec le quatre-mâts, se couvrit de gloire à cette occasion, car une très forte brise soufflait soulevant une mer hachée et irrégulière, très dangereuse pour les embarcations. Mais il n'hésita pas à mettre une baleinière à l'eau pour porter secours aux naufragés. L'opération de mettre la baleinière à la mer et de la rentrer s'avéra alors

des plus périlleuses et des plus pénibles, la mer venant se briser le long du navire à plusieurs mètres de hauteur. Le lieutenant Viault prit le commandement du canot de sauvetage de tribord arrière. Gêné par la houle, il ne mit pas moins de deux heures pour extraire les sept Américains de leur tombeau. Un des marins du *shooner*, Mehrer, tomba même à l'eau, mais heureusement on parvint à le hisser dans le canot, preuve qu'il lui restait encore quelques forces. Il faillit bien être pris entre l'embarcation et le bord. *L'Everet-Webster* fut alors immédiatement envoyé par les fonds par son capitaine qui y mit le feu. Il devenait inutile de laisser un dérélict dangereux roder dans les parages. Les naufragés furent alors traités avec beaucoup d'humanité par les marins du *Quevilly* qui devaient être ravis de voir leur routine quotidienne déréglée par ce sauvetage peu banal.
On peut imaginer facilement que tout ce qui a été brodé à partir de cette histoire, le fut, en partie, grâce aux marins du *Quevilly* quand ils l'ont raconté, et puis l'histoire a enflé et la légende a pris le pas sur la réalité, mais ces marins n'avaient-ils pas le droit d'avoir de l'imagination, eux qui recherchaient dans leur dangereux métier une part de rêve et d'aventure que la terre ferme ne pouvait leur fournir ? Les naufrages, comme ceux de *l'Ira-Bliss* ou de *l'Everet-Webster*, étaient particulièrement nombreux et les navires sombraient plus souvent qu'à leur tour. Si on relève les statistiques des sinistres maritimes du bureau Véritas, on est frappé par le nombre des voiliers perdus chaque mois.
Les risques étaient véritablement énormes. En 1897, l'année du lancement du *Quevilly*, il restait 2 700 navires à voiles marchands de part le monde. Le bureau donne ces chiffres pour le mois de mars 1897 pour l'ensemble des voiliers sinistrés (c'est-à-dire y compris les voiliers de pêche) : 67 navires à voiles perdus. Pour le mois de mai, on retrouve pratiquement le même chiffre : 64 voiliers sont perdus. Et encore, les chiffres sont plus importants pendant la mauvaise saison. Pour avoir une autre idée : en 1902, 39 943 voiliers de toutes tailles ont pris la mer contre seulement 1 258 vapeurs. Ces chiffres ne doivent pas nous étonner, car les barques de pêche à voiles restaient très nombreuses. Sur ces 41 201 bâtiments qui avaient pris la mer, 641 voiliers ont coulé, soit plus de 1,5 % dans l'année, ce qui est énorme, même si l'on tient compte du fait que l'irruption de la Montagne Pelée, à elle seule, fut la cause de plus de la moitié de ces sinistres. Parmi ces 641 voiliers, on comptait 27 voiliers au long cours. Les échouements représentaient le danger le plus commun, mais les incendies restaient nombreux et les tempêtes faisaient payer un lourd tribut aux navires. Un des dangers les plus redoutables résidait dans les abordages.
Nombreux sont les récits de voiliers ou de *steamers* se brisant contre les icebergs. Le *Quevilly* n'était pas à l'abri de ce danger dans l'Atlantique Nord, certaines années où les icebergs descendaient particulièrement bas. Le danger se trouvait multiplié aux abords du Cap Horn, car ici les glaces peuvent remonter à de très hautes latitudes. Les abordages avec les navires, sans être forcément fatals, comptent pour 5 à 20 % des causes de perte des voiliers.
Dans la nuit du 26 janvier 1917, au large de New York, le *Quevilly* faillit bien voir sa carrière se terminer prématurément. Il naviguait pour aller chercher une cargaison à Port-Arthur, car la découverte du pétrole au Texas obligeait maintenant souvent le voilier à se ravitailler sur la côte du golfe du Mexique. Tout à coup, un choc terrible se fit entendre, la bordée au repos fut jetée de ses couchettes. Un torpilleur de la Marine nationale américaine, le *Sampson*, à la suite d'une manoeuvre malencontreuse venait de l'aborder avec une rare violence. Par tribord arrière, une brèche énorme s'ouvrit

dans la coque et l'eau risquait de s'engouffrer. Nous l'avons vu, la principale qualité du *Quevilly* était sa robustesse. Sa coque avait été renforcée par rapport à celle de son *sister-ship*, le *Dunkerque*. Si leur jauge brute était la même avec 3 203 tonnes, le *Quevilly* transportait moins de marchandises que son jumeau, car les constructeurs avaient préféré le renforcer. De plus, ces 12 citernes jouèrent leur rôle à merveille, car bien étanches les unes des autres, l'eau ne put envahir les tankers. Avec un choc pareil, il n'est pas sûr qu'un autre voilier n'aurait pas été envoyé par le fond très rapidement. Le *Quevilly* se paya même le luxe de dédaigner les secours. Les pompes se mirent au travail et le voilier rentra à New York par ses propres moyens ; il accosta à un des nombreux docks du port.

Les propriétaires du *Quevilly* engagèrent immédiatement une action contre la Navy, estimant que leur faire supporter la dépense due aux réparations et aux dégâts liés à la collision serait un préjudice injuste. Une enquête fit apparaître les circonstances de l'accident en dégageant totalement la responsabilité des officiers du *Quevilly* : "*A environ 6 h 20 du matin, par une nuit claire, le Sampson est entré en collision avec un quatre-mâts non identifié alors que le Sampson se trouvait en approche de New York à environ 10 miles SE de la lancée d'éclairage de Ambroise Channel. Les deux navires faisaient route dans la même direction, porteurs des lumières réglementaires. Lorsque la lumière blanche du Quevilly a été repérée par le Sampson, l'officier de bord et la vigie étaient sur le pont. Le commandant de bord du Sampson n'a pas été averti de la situation mais l'officier de pont s'est efforcé de déterminer le cap du Quevilly*". Rien n'y fit, bien que le *Sampson* ait fait machine arrière toute, il ne put éviter la collision. Les archives américaines nous apprennent que le lieutenant Allen et l'enseigne de vaisseau Schmidt furent blâmés, mais ne passèrent pas en cour martiale. Là, commença un long procès qui mit en évidence la non responsabilité du voilier qui, en tant que navire à voiles, avait la

L'*Europe* est ici en bien mauvaise posture, aux chantiers de Grand-Quevilly à la suite de la rupture d'une bite d'amarrage après le passage d'un vent soufflant en tempête !

priorité absolu sur le bateau à moteur. Les Américains tergiversèrent pour ne pas payer trop de réparations, arguant même du fait que seul le Congrès pouvait accorder des réparations de plus de 500 dollars ! Les propriétaires du *Quevilly* tinrent bon et refusèrent de réviser leur prix ! En 1922, alors que le bateau était désarmé à Croisset, ils obtinrent enfin gain de cause en empochant la jolie somme de 8 400 dollars !
Le *Quevilly* sut résister aux abordages, tout comme il se joua des tempêtes. Encore qu'à plusieurs reprises, il vécut des moments bien difficiles. Ainsi, le 1er septembre 1916, il était en train de décharger du pétrole dans le bassin de La Pallice, alors que le vent se mit à souffler en tempête. Une vague violente le projeta sur un pilier et, sous le choc, sa coque fut fortement endommagée. Comme le bateau avait été réquisitionné, le ministère de la Marine envoya un ordre à La Rochelle afin que les réparations soient faites dans les plus brefs délais.
Une autre fois, le 31 décembre 1920, il subit une violente tempête, alors qu'il était à l'ancre devant Dunkerque. Il devait se rendre à Calais avec du pétrole de Philadelphie. Sous les coups de boutoir de vagues gigantesques, ses ancres et ses chaînes se cassèrent et il fut projeté à la côte sur le banc de Gros-Jacques. Une fois de plus, sa robustesse le sauva. Les 44 hommes d'équipage furent sauvés dans des conditions dramatiques par les hommes des remorqueurs *Esquire* et *Hercule*. Au même moment, le cinq-mâts *Belport* percuta la jetée est du port ! Les remorqueurs ne surent plus où donner de la tête. Cependant, le lendemain, on parvint à renflouer le navire qui fut conduit au port. Après quelques réparations, le *Quevilly* fut à nouveau en état de naviguer.
La route du nord s'il elle pouvait être évitée en hiver à l'aller vers les Etats-Unis, au profit de celle du sud, devait obligatoirement être empruntée au retour pour profiter des vents dominants. Le *Quevilly* partait alors des Etats-Unis à des latitudes assez basses (New York est situé sur la même latitude que Naples, Philadelphie sur celle de la Sicile !) pour remonter presque en ligne droite jusqu'au 49° de latitude du Havre. Invariablement, il se trouvait donc pris dans les grandes dépressions qui sévissent sur l'Atlantique et la Manche en hiver et aux grandes marées d'équinoxe.
On l'a vu, le quatre-mâts était conçu pour ce genre de mer, c'était même souhaitable pour qu'il aille vite. Cependant, parfois, les coups de mer étaient tels que c'est au sein d'un véritable ouragan que le *Quevilly* devait se débattre. Malgré ses exceptionnelles qualités, il faillit à plusieurs reprises chavirer. L'absence de livre de bord ne permet, hélas, pas de reconstituer ces grands coups de mer, par contre, le capitaine Lacroix, encore lui, qui connaissait très bien les officiers du *Quevilly* nous a livré quelques détails de ces durs moments. Ainsi, il donne ici un témoignage évoquant le confort des "croisières" du *Quevilly* en hiver : "*Un soir d'hiver, aux accores du banc de Terre-Neuve, il ventait en tempête ; le baromètre était descendu à 720 m/m, le capitaine Gaude faisait route sous ses huniers, sa misaine et ses deux grandes voiles, quand ces trois dernières furent emportées successivement dans des grains furieux. Peu après, on s'aperçut que l'eau envahissait le faux-pont ; la porte sabord du fronton de la dunette sous le vent en pénétrant sous la dunette avait démoli déjà les cloisons des cambuses, des magasins, de l'infirmerie et de la voilerie ; le niveau de l'eau atteignait les couchettes des officiers. Le second, monsieur Kervégnan et monsieur Martin, alors novice, descendirent avec de l'eau jusqu'au ventre, puis regagnèrent la dunette sans trop savoir comment, au milieu d'épaves et de débris de toutes sortes. Il fallut alors faire la chaîne pour essayer de sauver quelques vivres. Mais l'eau montait toujours ; le lieutenant Drouaillé et un matelot, descendus à leur tour, réussirent après de nombreux essais, au risque de se noyer vingt fois, à fermer hermétiquement le sabord. Le navire risquait d'engager avec le poids du liquide qui s'écoulait lentement des logements arrière*

dans le faux-pont, où près de 400 tx d'eau roulaient d'un bord à l'autre. Le charpentier et deux matelots se dévouèrent alors pour le salut commun. Elingués avec des rabans, on les descendit successivement dans le faux-pont par le trou d'homme en profitant des moments où ce dernier était accessible entre les lames. Il fut ensuite refermé complètement sur eux et tous trois travaillèrent sans arrêt, dans l'eau jusqu'à la ceinture et dans une atmosphère viciée, à percer au-dessus de leurs têtes des trous permettant à l'eau des logements de s'évacuer dans le faux-pont où les pompes purent l'aspirer.
Au petit jour tout était fini, mais tous les vivres étaient perdus. Quatorze jours après, le Quevilly mouillait sur la rade du Havre et pendant tout ce temps, la seule nourriture de tout le monde à bord fut du biscuit bouilli". Ce récit relate un voyage réalisé pendant l'hiver 1907. A plusieurs reprises, le *Quevilly* eut toutes ses voiles emportées. En principe, quand il y avait petit temps, on mettait les voiles les plus vieilles, les plus fatiguées, celles que les matelots avaient recousues maintes et maintes fois. Mais quand le temps se mettait à forcir, c'était alors le moment de sortir les voiles neuves les plus solides. Le *Quevilly* emmenait ainsi plusieurs centaines de kilos de toiles dans sa soute à voiles.

Le *Croisset*, lui aussi, connut la même mésaventure que l'*Europe*, pour avoir touché un bourrelet de vase dans la Seine mal draguée. Des ouvriers dégagent un mât brisé par la violence du choc.

Les voyages

Il n'est pas toujours simple de savoir exactement la durée de tous les voyages du *Quevilly*. Sur le rôle de désarmement, en principe, toutes les rotations sont notées mais il peut se glisser des erreurs et surtout des oublis. De plus, les journaux de l'époque peuvent aussi donner des informations inexactes.

Sur les deux premières années, compte tenu des deux, trois dates manquantes et de quelques inexactitudes, le voyage France-Etats-Unis s'établit sur une moyenne de 36 jours, le retour est d'environ 26 jours. Le commandant Lacroix parle respectivement de 37 et 21 jours. Quant aux rotations complètes, c'est en 63 jours que le *Quevilly* revenait à son point de départ.

Or, une prime de rendement était allouée à l'équipage en cas de voyages rapides. Si le bateau effectuait la rotation en moins de 50 jours, le second touchait une prime de 50 francs et tout l'équipage une gratification, cela afin de réveiller le courage des plus fatigués ou des moins pressés.

A une seule reprise, au cours de ces deux premières années, la prime semble avoir été touchée. Lacroix cite à ce propos André Martin, second des capitaines Gaude et Lagnel. "*Qu'il était magnifique à contempler,* me dit-il, *courant sous ses six huniers et sa misaine par temps forcé, revenant de la côte américaine, quand il croisait les grands paquebots faisant route sur New York et mettant le nez dans la plume. Il passait léger comme un oiseau près des lourds cargos en cape, son pont à peine lavé par de gros embruns, car c'était un merveilleux navire comme tenu à la mer et qui embarquait peu d'eau dans les gros temps. Quand, par belle brise et faisant route tout dessus aux allures portantes, les lévriers de l'océan l'apercevaient à contre bord, plus d'un commandant faisait changer de cap de façon à passer près de lui et à permettre aux passagers de le photographier. Il fallait le saisir promptement, lorsque la brise était fraîche, car son équipage ne s'attardait pas, stimulé par l'appât d'un mois de solde de gratification qui lui était alloué, quand le voyage complet de La Hève à La Hève s'effectuait en cinquante jours ou moins. Et cette prime fut souvent gagnée ; une seconde gratification s'y ajoutait quand le navire arrivait à faire cinq voyages par an*".

Même si, incontestablement, la coque effilée du *Quevilly* lui permettait de filer quand le ciel accordait quelques brises, le bateau restait soumis aux caprices d'Eole. Ainsi parfois, il pouvait rester encalminé de longs jours, surtout quand il empruntait la route du Sud. Ces moments-là sont presque pires pour les marins que lorsque sévit la tempête. Entendre battre lamentablement les voiles sur les haubans et sur les mâts les déprimaient terriblement. Les bordées désoeuvrées se livraient à mille petits travaux que la bonne marche du voilier les empêchait de réaliser en temps ordinaire. C'est là qu'on amenait toutes les voiles usées sur le pont et que l'on jouait de l'aiguille. Pour les mousses, c'était le moment où ils apprenaient l'art de faire des noeuds, les plus habiles sortaient leurs canifs pour sculpter de menus objets. A l'occasion des photos d'équipage, on voit souvent des marins sortir la bouteille dans laquelle ils ont réalisé, avec les moyens du bord, la maquette de leur bateau favori. C'est aussi à ce moment qu'on laissait traîner une ligne, permettant, quand la pêche s'avérait fructueuse, d'améliorer l'ordinaire du repas. Ces traversées trop lentes minaient le moral des officiers et le capitaine n'était pas à prendre avec des pincettes ces jours-là, surtout si

la plaisanterie durait trop. C'est alors qu'il prenait prétexte du moindre souffle de vent pour dépêcher les hommes dans les vergues, pour envoyer toute la toile et, par des réglages incessants, il parvenait à donner l'impression d'avancer quand même.
Le record de lenteur fut 103 jours pour aller du Havre jusqu'au New-Jersey. Et pourtant, malgré ce voyage exceptionnellement lent, le *Quevilly* parvint à rattraper *l'Amiral de Cornulier* partit 15 jours avant ! Même par petit temps, il n'était donc pas si mauvais marcheur.
Les deux tableaux présentés ici, connaissent quelques petites incertitudes, mais donnent une bonne idée de la vitesse des rotations du bateau.

Date départ	Date arrivée	Durée de la traversée
Rouen 29/06/1897	Philadelphie 10/08/1897	42 j
Rouen 16/09/1897	Philadelphie 29/10/1897	43 j
Le Havre 06/12/1897	Philadelphie 24/12/1897	18 j
Rouen 27/02/1898	Philadelphie 02/04/1898	35 j
Rouen 08/05/1898	Philadelphie	?
Rouen 06/08/1898	Philadelphie 25/08/1898	19 j
Rouen 03/10/1898	Philadelphie 16/11/1898	44 j
Rouen 17/12/1898	Philadelphie 02/02/1899	47 j
Rouen 17/03/1899	Philadelphie 27/04/1899	41 j
Rouen 03/06/1899	Philadelphie 25/07/1899	52 j
Rouen ?	Philadelphie ?	
Rouen 06/09/1899	Philadelphie 13/10/1899	38 j
Rouen 17/11/1899	Philadelphie 16/12/1899	29 j
Rouen 22/01/1900	Philadelphie 26/02/1900	35 j
Rouen 07/04/1900	Philadelphie 10/05/1900	33 j
Rouen 18/06/1900	Philadelphie 30/07/1900	42 j

Date départ	Date arrivée	Durée de la traversée
Philadelphie 16/08/1897	Rouen 13/09/1897	28 j
Philadelphie 02/11/1897	Rouen 30/11/1897	28 j
Philadelphie 29/12/1897	Rouen 25/02/1898	58 j
Philadelphie 06/04/1898	Rouen 06/05/1898	30 j
Philadelphie 31/08/1898	Rouen 29/09/1898	30 j
Philadelphie 23/11/1898	Rouen 14/12/1898	21 j
Philadelphie 06/02/1899	Rouen 05/03/1899	27 j
Philadelphie ?	Rouen 02/06/1899	?
Philadelphie 19/10/1899	Rouen 08/11/1899	19 j
Philadelphie 20/12/1899	Dieppe 14 ou 16/01/1900	27 j
Philadelphie 05/03/190	Rouen 04/04/1900	30 j
Philadelphie 14/05/1900	Rouen 14/06/1900	31 j

On constate que les rotations tournent ici entre 49 jours et 74 jours. L'apport des moteurs, en 1911, ne change rien à la vitesse des rotations. A l'origine, en 1896, monsieur Prentout avait songé à équiper le bateau d'une hélice réversible de grand diamètre, coulissant dans un puits entre deux étambots et actionnée par une petite chaudière. Il avait dû renoncer à l'époque, car le projet n'était pas encore au point, mais l'armateur n'avait pas abandonné son idée.
C'est pourquoi, en janvier 1911, il fit installer sur le voilier deux moteurs diesel qui pouvaient assurer 5 à 6 noeuds de vitesse quand le vent s'avérait contraire. De plus, pour le *Quevilly*, c'était assurer des économies de remorquage dans la Manche et dans les ports, d'autant plus que le pétrolier pouvait trouver sans mal son combustible à bon prix. Pour 38 francs la tonne, il se ravitaillait ainsi à New York ou Philadelphie. C'est ainsi qu'on installa les deux moteurs de 300 cv qui ne revenaient qu'à 2 280 francs de combustible par rotation, somme bien modique si on la compare à l'ensemble du budget du bateau. Le journal *la Nature* consacra un important article au sujet de l'installation de ces moteurs en juillet 1911, "*Le moteur diesel et la navigation en haute mer*" : "*Les machines motrices se composent de deux moteurs diesel à deux-temps et simple effet, semblables à celles que nous avons décrites précédemment, d'une puissance de 300 chevaux chacune, soit une puissance totale de 600 chevaux. Chaque moteur qui marche à la vitesse de 300 tours à la minute comporte six cylindres. Un dispositif de débrayage permet de laisser tourner librement l'hélice pendant la marche sous voile et un frein immobilise celle-ci au moment du réembrayage. Les gaz brûlés sont évacués à l'arrière du navire, au-dessus de la dunette… A la fin janvier 1911, après l'installation à bord des moteurs, ceux-ci furent soumis à des essais définitifs en mettant en marche les deux moteurs pendant six heures à toute puissance. Avec un déplacement de 5 570 tonnes la vitesse obtenue a été de 6,5 noeuds, les moteurs marchant à la vitesse de 300 tours. Quelques jours après, le Quevilly partait pour New York sous le commandement du capitaine Lagnel qui utilisa très avantageusement les*

La carte postale ci-dessous, très rare, montre le voilier apponté aux bassins à pétrole. Le mât d'artimon est caché en partie par une vignette espérantiste.

Le Quevilly est à l'ancre dans la Delaware à Marcus-Hook. Il est prêt à partir pour Rouen en 1904.

moteurs pour sortir de la Manche et, tout en naviguant sous voile, les fit fonctionner le plus souvent possible afin de se rendre compte de la meilleure utilisation de ces engins. Après avoir pris un pilote de New York, le Quevilly s'engagea dans le chenal qu'il remonta jusqu'au port sans le secours d'aucun remorqueur, au grand étonnement des Américains qui voyaient pour la première fois naviguer ainsi un voilier d'un aussi grand tonnage. Le 26 mars, après avoir pris son chargement de pétrole, le Quevilly reprenait la mer et arrivait à Rouen dans le courant avril. Pendant ces deux voyages quelques imperfections de détail ayant été remarquées dans les moteurs, on fit les retouches nécessaires et le Quevilly vient de repartir pour son second voyage à New York. C'est, il faut bien le dire à l'honneur des armateurs français, le premier bâtiment d'un aussi grand tonnage muni de moteurs diesel qui ait encore effectué régulièrement d'aussi longs voyages. Comme on le voit c'est la France qui occupe le premier rang pour l'application à la navigation de haute mer des moteurs diesel à deux temps...".

On peut encore le constater ici, le souci de perfectionner toujours le beau navire n'avait de cesse. En fait, l'affaire ne s'avéra pas très rentable, car si on étudie la vitesse de rotation du voilier après l'installation des moteurs, on n'enregistre pas de progrès notables. Ainsi, les traversées de 1913-14 s'établissent comme suit :

Date départ	Date arrivée	Durée de la traversée
Le Havre 26/08/1913	New York 21/09/1913	26 j
New York 27/09/1913	Rouen 20/10/1913	23 j
Le Havre 06/11/1913	New York 06/12/1913	30 j
New York 11/12/1913	Rouen 15/01/1914	35 j
Rouen 18/01/1914	New York 22/02/1914	35 j
New York 04/03/1914	Rouen 26/03/1914	22 j

Il arrivait que le voilier passe sous le pont transbordeur pour accoster quai de la Bourse. Là, il chargeait quelques marchandises diverses en plus de sa cargaison de pétrole.

Sa couleur d'origine était bleutée sur la coque avec une ligne blanche servant de fond aux faux-sabords noirs et la quille, semble-t-il, de couleur rouge. On distingue sur le premier grand mât le pavillon de la maison Prentout. Par la suite, le navire a été repeint en noir tout en gardant les faux-sabords qui furent supprimés dans ses dernières années.

Le voilier est déjà repeint en noir. Est-il prêt à partir pour l'Atlantique ou est-il apponté définitivement à Biessard ce qui situerait le cliché en 1921?

Les rotations restent donc comprises entre 49 et 65 jours. De la même façon, les dernières traversées des années 1919 à 1921 ne sont pas plus rapides, même plutôt plus lentes. En fait, les hélices retardaient la bonne marche du bateau sous voiles, ce qui était gagné à l'entrée de la Manche ou à l'entrée des ports était largement perdu dans la traversée de l'Atlantique. Le *Quevilly* restait un voilier avant tout et se refusait à devenir mixte. De plus, les moteurs alourdirent exagérément le bateau qui se mit à embarquer plus d'eau qu'auparavant alors que sa qualité première résidait dans le fait que le pont, contrairement à de nombreux voiliers, restait longtemps sec. Cependant, ces moteurs représentaient une sécurité près des côtes et devaient en rassurer plus d'un. Malgré tout, l'installation eut un effet bénéfique imprévisible au départ. En effet, pendant la guerre, ces fameux moteurs offrirent une sécurité de poids au voilier pour mieux éviter les sous-marins allemands.
Sans pouvoir réellement prétendre au ruban bleu pour la traversée de l'Atlantique, les meilleures performances du *Quevilly* restent tout à fait exceptionnelles. Quand le vent soufflait en tempête, le voilier donnait le meilleur de lui-même. Si le bateau était enregistré comme devant atteindre 7 noeuds de moyenne, il parvint à atteindre la vitesse de 15 noeuds et demi dans l'heure si on en croit les records du *Quevilly*, annotés au dos d'une photographie d'époque, d'origine américaine. C'est la vitesse des meilleurs *clippers* de la grande époque de la voile de 1870. Cette vitesse a été rarement atteinte par des voiliers, seuls les immenses voiliers cinq-mâts qui succédèrent au *Quevilly* parvinrent à 16 ou 17 noeuds.
Le *Preussen*, le *Pamir* et, bien sûr, le *France II* atteignirent les 17 noeuds, mais avec 6 000 m2 de toile, ce qui était d'ailleurs gigantesque. On prétend même que ces vitesses étonnantes causèrent la perte du *Preussen*, abordé par le paquebot de la ligne Dieppe-Newhaven qui avait mal évalué la vitesse du grand voilier. Par comparaison, un voilier de plaisance de série, toilé de son spi, ravit son équipage quand il atteint les 12 noeuds, quant aux voiliers trimaran de compétition, ils peuvent dépasser largement

Plusieurs cartes postales témoignent du passage du voilier à la Bouille. Les habitués du restaurant Le Saint-Pierre profitaient du spectacle de leur table.

De nombreux villages riverains de la Seine (ici Mailleraye) éditèrent des cartes postales du *Quevilly*. Ce simple fait atteste que le bateau forçait la curiosité des habitants de l'époque. C'était au temps où "l'Armada de la liberté" représentait un spectacle presque quotidien.

Le voilier, vu de Tancarville, remonte le fleuve sans l'aide de remorqueur. Ses moteurs étaient donc installés. Dans son livre "*Le port de Rouen*" publié en 1920, Dupouy relate une anecdote qui montre comment les Rouennais se servirent du *Quevilly* en 1911 pour empêcher la construction d'un viaduc à Aizier. Prentout lui-même, pourtant si discret d'habitude, monta au créneau, arguant du fait que le grand voilier ne pourrait passer sous le viaduc, à cause de la hauteur de ses mâts. L'argument porta et le viaduc ne vit pas le jour. Le *Quevilly* se retrouva donc au centre de l'antagonisme entre *Havrais* et *Rouennais* !

les 20 noeuds, performance tout à fait extraordinaire pour des embarcations mues par la seule force du vent. Preuve de sa grande vitesse, le *sister-ship* du *Quevilly*, le *Dunkerque*, se permit de rivaliser de vitesse, du Pérou au Havre, en arrivant en 70 jours à destination, avec le *Potosi* réputé comme étant le voilier le plus rapide de l'époque. Quand on sait que le *Potosi* possédait un mât de plus que le *Dunkerque*, on réalise que la carène des deux frères en construction ne devait pas être mal dessinée.

Dans le sens Le Havre-Philadelphie, le *Quevilly* réussit à rallier Breakwater à l'entrée de la Delaware en seulement 19 jours. C'est la route la moins favorable, car le bateau doit lutter souvent contre les vents défavorables au départ puis allonger sa route en descendant au sud pour bénéficier de vents plus favorables. Par contre, dans le bon sens, c'est-à-dire des Etats-Unis vers la France, le *Quevilly* serait parvenu à ne mettre que 12 jours et demi de la sortie de la Delaware jusqu'au Havre. Bien que Henri Picard dans "*La fin des Cap Horniers*" et d'autres sources indiquent cette performance exceptionnelle, je n'ai, pour ma part, retrouvé qu'une photo ancienne, d'origine américaine, mentionnant aussi ces 12 jours et demi de traversée. Par contre, sur les rôles de désarmement, je n'ai trouvé place d'un tel voyage, même en 1902, année mentionnée par Picard. Cela ne veut pas dire que ces fameux 12 jours et demi relèvent du simple fantasme, car il y a quelques manques et on n'a pas connaissance de la totalité des voyages du *Quevilly*. Pour être prudent, on peut conclure qu'un doute subsiste sur la réalité de ce voyage mais qu'il n'est pas impossible. Déjà, en 1903, le voilier le *Rochejacquelin* avait stupéfié le monde de la voile en ne mettant que 11 jours des Etats-Unis jusqu'à la Manche. La remontée de la Manche jusqu'au Havre plaçait donc le *Quevilly* non loin du niveau du *Rochejacquelin*, soit la vitesse de 11 noeuds de moyenne. Les *cargoboats* ne faisaient pas mieux. On remarque, par exemple, dans la presse de l'époque, que le *steamer* à pétrole *Blomfield*, parti le 10 octobre 1900 de Philadelphie, n'arrive à Rouen que le 25 octobre, soit 15 jours pour rallier Le Havre.

Bien que la carte indique Le Havre, un autre cliché mentionne Rouen, ce qui parait plus vraisemblable, vu la largeur de la Seine à cet endroit.

Le *Quevilly* apponte aux bassins à pétrole, dans le port de Rouen. L'appontage représentait une manoeuvre particulièrement délicate, quand il était en remorque. Les clichés datent de ses tous débuts, avant 1900.

De même, ne voit-on pas le vapeur *Ville de Rouen* qui effectua le trajet Dieppe-Philadelphie, soit 3 317 miles, comme l'atteste le cahier de la prime à la navigation au long cours, en 22 jours seulement en 1908, piètre performance pour un *steamer*.
Comme on le constate, les vapeurs étaient parfois talonnés par les grands voiliers quand le temps se montrait favorable à ceux-ci. On voit encore un jour le *Quevilly* partir de Marcus-Hook le même jour que le vapeur *Oriflamme* et n'arriver qu'un jour après lui en rade du Havre ! Ne nous y trompons pas pour autant, la régularité des vapeurs devait assurer leur triomphe, mais le capitaine Lacroix prétendait qu'un vapeur devait effectuer trois rotations pour une seule à un voilier pour apporter autant de bénéfice. On s'aperçoit ici que c'était loin d'être le cas même si le *Quevilly* était plus près des 25 jours dans le sens Etats-Unis-France et des 35 jours dans le sens France-Etats-Unis. Enfin, le *Quevilly* parvint en 363 jours à effectuer cinq rotations, soit une moyenne de 70 jours par rotation complète en tenant compte des deux arrêts de la remontée de la Seine et de la Delaware. Comme on peut le constater, ces performances sont très loin d'être médiocres et placent le *Quevilly* parmi les voiliers les plus rapides de son époque.

Le voilier longe le quartier du Pollet à Dieppe, pour aller dans l'arrière-port vider sa cargaison. Ce plan nous donne une bonne idée de la taille du bateau.

III
La vie à bord

L'équipage

Le *Quevilly* était tenu, c'est la loi qui l'exigeait, comme tous les bateaux français, à n'embarquer qu'un équipage français. La loi actuelle sur l'exploitation des archives de matricules des matelots exige que ceux-ci soient nés il y a plus de 120 ans. C'est pourquoi, seuls les premiers embarquements du *Quevilly* peuvent être divulgués. Les hommes nés avant 1874 ont embarqué dans les années 1897-1900, c'est-à-dire dans les tous premiers temps du *Quevilly* et encore faut-il fermer les yeux, parfois, sur les mousses, car quelques uns sont nés après 1874. Ces registres matricules nous confient l'activité du marin à partir de son état civil, sa description physique, parfois ses condamnations, mais surtout, des renseignements très précieux sur sa carrière maritime. Les marins du *Quevilly* n'étaient pas différents des autres, pas plus fidèles à leur bateau que d'autres mais pourtant ce navire avait bonne presse parmi eux.
Dans ses mémoires intitulées "*Souvenirs sur la Seine*", Prudent Prévost évoque le *Quevilly*, qu'il eut souvent l'occasion de côtoyer : "*Je me rappelle qu'accompagnant mon père lors d'une visite à un de ses amis, second du* Quevilly, *un beau quatre-mâts carré (Prévost se trompe, il s'agit d'un quatre-mâts barque) que je regardais de tous mes yeux, impressionné par toutes les drisses, haubans, vergues et mâtures et que je le comparais à notre coquille de noix, ce second capitaine dit à mon père qui m'avait présenté : "Donne-le moi, j'en ferai quelque chose..." et que mon père refusa, alléguant qu'il avait encore besoin de moi. A sa place, comme j'aurais sauté sur l'occasion, pour l'avenir du gars ! Elevé depuis toujours dans le métier, j'en avais la vocation et je n'aurais pas demandé mieux*". Prudent Prévost montre bien ici quelle fascination le grand voilier pouvait exercer sur un

mousse naviguant sur la Seine. Mais ce témoignage atteste aussi des espoirs de promotion qu'un tel navire pouvait engendrer chez un simple marin de Seine. On peut aujourd'hui regretter la décision de son père, car sans aucun doute, si Prévost avait effectivement navigué sur le *Quevilly*, il nous aurait livré un témoignage passionnant sur ce bateau.

Le voyage, très court par rapport à ceux des cap-horniers, pouvait présenter une petite pause, bien relative cependant, pour les marins que l'idée de plusieurs mois de mer rebutait. Mais surtout, la bonne gestion du bateau et la valeur des commandants étaient reconnues, car les marins parlaient entre eux de leurs bateaux. Un voilier par trop inconfortable n'attirait pas, or le *Quevilly*, on l'a vu, était d'une conception très rationnelle et offrait des conditions de travail, somme toute assez bonnes pour l'époque. Quant aux capitaines trop durs pour les hommes, les matelots les fuyaient, quand ils le pouvaient, car parfois ils embarquaient parce qu'ils n'avaient pas d'autre choix. Si les commandants du *Quevilly* sont restés assez fidèles à leur bateau, les marins donc, le plus souvent, n'étaient que de passage, deux mois, six mois, un an tout au plus, et si l'un d'eux rembarquait sur le voilier quelque temps après, c'était souvent le jeu du hasard. Quand on prend la liste des premiers armements du *Quevilly*, on constate que pour la première année de service, une centaine d'hommes a servi sur le navire. Pour un équipage au complet tournant entre 32 et 36 hommes, la moyenne d'un embarquement se situait donc autour de quatre mois, soit le temps d'effectuer deux rotations. Il est clair qu'après ces quatre mois de mer, les hommes avaient besoin d'un temps de repos plus ou moins prolongé. Parfois cependant, on est surpris de constater que des hommes rembarquent presque immédiatement sur un autre navire, soit parce que la destination leur convenait, soit par amitié pour un autre matelot qui servait sur ce nouveau bateau, soit encore parce qu'ils devaient exécuter une peine à terre et qu'il valait mieux pour eux prendre le grand large. Ainsi, ce marin Henri J. du Havre qui débarque du *Quevilly* le 7 juillet 1901 et qui repart immédiatement sur le *Dieppedalle* le 15 juillet avait été condamné par défaut, le 15 juin 1901, pour dénonciation calomnieuse à un mois de prison. Au moins, pouvait-il choisir son enfer.

Si on prend quelques exemples, on s'aperçoit que certains avaient été tentés par la carrière militaire. Prenons le cas de François Le T. : Il sert pendant 10 ans (de 1887 à 1897) dans la marine de guerre puis, lassé sans doute, il se consacre à la marine de commerce. Il embarque sur des navires de la région, tout d'abord le *Président Félix Faure* en 1897 puis sur le *Quevilly* où il sert comme matelot du 24 septembre 1900 au 7 juillet 1901, en fait sept mois et 14 jours effectifs, enfin il passe sur le *Dieppedalle*, en 1901. Il est clair que ce marin inscrit au Havre choisissait des bateaux de la région car il en entendait parler ; incontestablement, on pouvait faire un plus mauvais choix. Les embarquements français, tout comme les allemands, ne se faisaient qu'avec des nationaux, une meilleure cohésion en découlait souvent. Par contre, on a peine à imaginer comment les capitaines américains pouvaient commander des voiliers où toutes les nations se côtoyaient, où les marins recrutés par des marchands d'hommes avides pouvaient être embarqués de force, ou sous le coup de l'ivresse, parfois même avec l'aide de narcotiques !

Si globalement les Américains connaissaient plus d'accidents en mer que les Français, c'est peut être dû à la conception de leurs navires qui, on l'a vu, étaient sans doute moins solides que les bateaux européens, mais surtout par des conditions de travail qui s'apparentaient plus au bagne qu'à une simple relation de travail rendu. Le *Quevilly*, comme tous les voiliers français, connaissait son embarquement en principe quelques

jours avant son départ.
Les marchands d'hommes de Rouen étaient très différents de leurs collègues américains, leurs moeurs moins rudes rendaient les conditions d'embarquement plus acceptables pour les marins. Le marchand d'hommes servait de transition entre le second qui avait charge de recruter l'équipage et les matelots qui désiraient embarquer. Il trouvait des engagements pour les marins, moyennant une somme forfaitaire, ou le plus souvent contre un petit pourcentage de 2 ou 3 % de la solde du marin. Un engagement en tant que maître d'équipage revenait donc plus cher que comme simple matelot. Les marchands d'hommes fournissaient également les marins en habillement : cirés, bottes, etc... et de tous les objets nécessaires pour la traversée. Les prix parfois prohibitifs se discutaient autour de petits verres. Le second Van der Kemps s'était fait une spécialité de ramasser les hommes imbibés, juste avant le départ. Il prenait alors un fiacre, toujours le même, et il parcourait la rue des Cordeliers, où dans les estaminets borgnes, il recueillait non sans mal ses hommes qui, 24 heures plus tard, constituaient la glorieuse équipe du *Quevilly*. Le cocher nommé Marie-Paule se mettait ainsi à la disposition du second du *Quevilly* pendant 48 heures. Lacroix rapporte même l'anecdote amusante, du refus du cocher de prendre monsieur Prentout lui-même qui descendait à ce moment d'une visite au *Quevilly*, si le second ne l'y autorisait pas. En désespoir de cause, l'armateur remonta à bord pour demander humblement, ou peut-être avec amusement, l'autorisation à son second d'emprunter son fiacre. Témoignage, s'il en est, de la faculté des officiers à s'attacher les hommes ! Rouen, comme tous les ports, était un haut lieu de la prostitution. Pierre Mac Orlan a laissé de nombreux

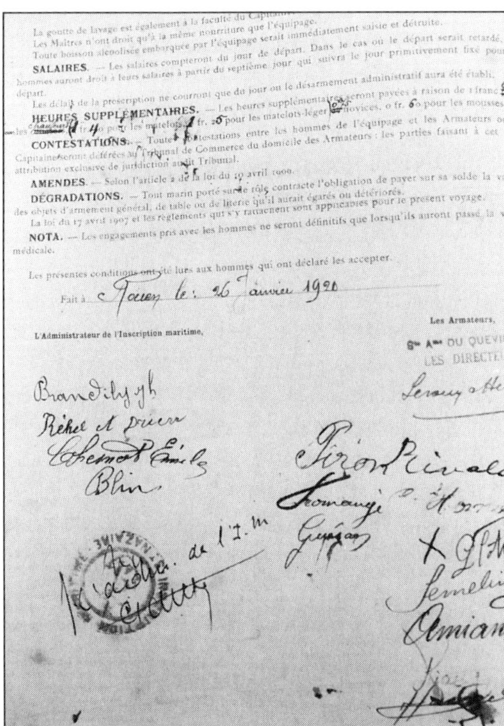
La goutte de lavage est également à la faculté du Capitaine.
Les Maîtres n'ont droit qu'à la même nourriture que l'équipage.
Toute boisson alcoolisée embarquée par l'équipage serait immédiatement saisie et détruite.
SALAIRES. — Les salaires compteront du jour de départ. Dans le cas où le départ serait retardé, l
hommes auront droit à leurs salaires à partir du septième jour qui suivra le jour primitivement fixé pour
départ.
Les délais de la prescription ne courront que du jour où le désarmement administratif aura été établi.
HEURES SUPPLÉMENTAIRES. — Les heures supplémentaires seront payées à raison de 1 franc
les chauffeurs, 1 fr. 40 pour les matelots, 1 fr. 25 pour les matelots-légers et novices, 0 fr. 60 pour les mousses.
CONTESTATIONS. — Toutes contestations entre les hommes de l'équipage et les Armateurs ou
Capitaine seront déférées au Tribunal de Commerce du domicile des Armateurs ; les parties faisant à cet e
attribution exclusive de juridiction audit Tribunal.
AMENDES. — Selon l'article 2 de la loi du 10 avril 1900.
DÉGRADATIONS. — Tout marin porté sur le rôle contracte l'obligation de payer sur sa solde la val
des objets d'armement général, de table ou de literie qu'il aurait égarés ou détériorés.
La loi du 17 avril 1907 et les règlements qui s'y rattachent sont applicables pour le présent voyage.
NOTA. — Les engagements pris avec les hommes ne seront définitifs que lorsqu'ils auront passé la vis
médicale.
Les présentes conditions ont été lues aux hommes qui ont déclaré les accepter.
Fait à Rouen le : 26 janvier 192[illegible]
Les Armateurs,
L'Administrateur de l'Inscription maritime,
Sté Ame DU QUEVIL
LES DIRECTE

Ce document d'engagement de l'équipage est bien émouvant car les signatures des matelots semblent hésitantes. Un homme se contente même de mettre une croix. Il est vrai que le niveau d'instruction des marins était particulièrement faible.

témoignages sur les bars et les claques de matelots. Le Nielsen, le bar Colonial ou le Polaire Star étaient fréquentés assidûment par les marins. Gabriel Reuillard dans "*Grasse Normandie*", un livre illustré par Vlaminck, évoque ce Rouen de la prostitution : "*La prostitution debout fleurit dans ces rues : rue du Closet-de-la-Madeleine, rue du Plâtre, rue Mamuchet, rue des Espagnols et rue des Arpents, près de la porte Guillaume Lion où l'on voit une ancienne maison de filles, le Perroquet Vert. La prostitution assise et même couchée se tient par paliers rue des Charrettes et dans les rues perpendiculaires la coupant pour descendre au port, ainsi que rue Jacques Lelieur, rue du Fardeau, rue Saint-Etienne-des-Tonneliers. Elle est franche et avouée rue des Cordeliers. Des caissières savaient dire : 'Je t'aime' en toutes les langues. Elles trouvaient une abondante clientèle internationale dans les débits arborant des enseignes et des pavillons anglais, suédois, norvégiens, ancrés ainsi que des navires dans les rues montant du port vers la ville. Des équipes entières de matelots fraîchement débarqués se répandaient en braillant par ces rues paisibles. Accordéons et pianos mécaniques déchaînés, hommes ivres vomissant dans un coin ou tanguant d'un trottoir à l'autre au bras de quelque fille à l'unisson, marins et soldats s'abordant et se mesurant le couteau tiré, tout ce charivari de bâfrée amoureuse faisait ressusciter à la mémoire du voyageur quelque épisode du Chapeau Rouge de Toulon ou de la rue Bouterie de Marseille...*". C'est ainsi que de nombreux marins dépensaient leur maigre solde !

Les marins recevaient en principe deux mois d'avance, parfois même un mois seulement, au lieu des trois mois couramment accordés dans la marine de commerce. Cela s'explique par la relative rapidité des voyages par rapport à ceux qui, comme le *Dieppedalle* ou le *Croisset*, allaient jusqu'à Nouméa. Ainsi, le marchand d'hommes pouvait être payé avant le départ des marins, sinon on imagine qu'il aurait fait facilement faillite. Les comptes du marchand d'hommes réglés, on se tournait alors vers "l'hôtesse", chez qui le plus souvent les hommes avaient laissé une ardoise. Certains marins n'avaient pas d'adresse fixe, ils logeaient donc dans les auberges de marins, tenues par des hôtesses. Les abris de marins commençaient à se répandre, surtout en Bretagne, mais à Rouen en 1908, la revue de *l'Union des femmes de marins de l'Etat et du commerce* qui prit le nom de : "le foyer du marin" installa son siège social 5bis, route du Havre, à Rouen. Mais cela ne veut pas dire qu'il existait déjà un foyer à Rouen.

On voit, sur les comptes d'embarquement, tel marin devoir 40 francs à madame X, l'hôtesse qui l'avait hébergé avant le départ. L'avance sur salaire était donc à nouveau ponctionnée de cette dette. Si le matelot était marié, cas très rare quand on examine les registres matricules, il envoyait le reste à sa femme et à ses enfants, mais encore une fois, on rencontre ce cas de façon exceptionnelle. Par contre, on peut lire le cas d'un marin qui est condamné à payer une pension alimentaire à "*sa vieille mère octogénaire*". Tout cela payé, il ne restait plus grand chose de la solde qui servait alors à se saouler avant le départ et si l'ivresse était trop forte, le marin ratait parfois le départ, le rôle d'embarquement annotait alors pudiquement "*a raté l'embarquement*" et le matelot restait débiteur de l'avance versée par l'armement !

Ces marins avaient tous exercé leur service militaire dans la Marine, souvent assez longtemps. Prenons le cas de Louis Baril, né à Etretat, qui passe matelot 3e classe le 4 février 1897, puis matelot de 2e classe le 7 août 1898 et enfin matelot de 1ère classe le 11 août 1900. Pendant près de quatre ans, il navigue donc sur les bateaux de guerre comme le *Manche* ou le *Descartes*... quand il ne restait pas tout simplement au dépôt de Cherbourg à s'ennuyer. Puis Baril embarque sur le trois-mâts *Union* comme matelot en 1901-02, enfin, il choisit le *Quevilly* en 1902 pour n'effectuer qu'une rotation

France-Amérique. Parfois, le marin se trouvait très polyvalent, ne refusant aucun type d'armement, à vapeur ou à voiles.
Le cas d'Alfred L., né le 30 juillet 1855 à Harfleur, est presque exemplaire. La carrière de ce marin oscille constamment entre le choix de la vapeur ou de la voile. Ainsi, ses états de service commencent dans la vapeur et en tant que simple matelot. Sur son registre matricule, qui débute en 1883, on ne possède pas ses autres états de service mais on peut lire ceci : vapeur *Vauban* : 1883-84, vapeur *Labordes* : 1885, vapeur *Bernardino Bravo* : 1885-86, vapeur *Psyché* : 1886-87, vapeur *Chili* : 1887-88, vapeur *Victorine* : 1888-89, vapeur *Coquimbo* : 1889-90, vapeur *Joséphine Henriette* 1891-92, vapeur *Ville de Bordeaux* : 1892, vapeur *Versailles* : 1893, vapeur *Ville de Saint-Nazaire* : 1893, vapeur *Ville de Bordeaux* : 1893-94, vapeur *Ville de Madrid* : 1894, ponton *Sujet* : 1894, vapeur *Alésia* : 1894-95, vapeur *Ville de Metz* : 1895, vapeur *Patricia* : 1896, vapeur *Meurthe* : 1896 et vapeur *Burgundia* : 1896.
Jusqu'à présent, le choix de la marine à vapeur semble clair, Alfred L. semblait définitivement avoir pris goût à la modernité. Il est remarquable de voir que, comme tout marin digne de ce nom, un casier judiciaire est copieusement rempli de petites peines bien typiques de ce milieu-là, à l'époque. Extrait du casier judiciaire :

le 11/9/1878 : Le Havre : outrages, tapages et ivresse, 10j. de prison, 11 francs d'amende.
le 12/7/1881 : Le Havre : outrages à agents, 15j. de prison.
le 28/7/1883 : Le Havre : coups et blessures, 25 francs d'amende.
le 10/4/1886 : Le Havre : outrages à agents, 15j. de prison.
le 24/8/1893 : Le Havre : coups et blessures, 50 francs d'amende.

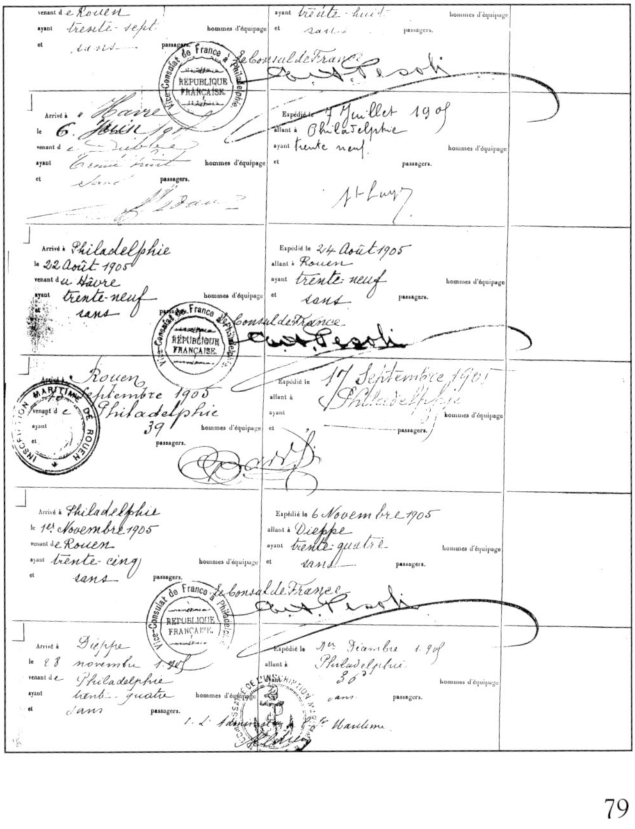

On peut suivre les différents voyages du bateau, au deuxième semestre 1905, sur le rôle de débarquement.

En fait, tous les petits travers des marins se retrouvent ici. Mis à part l'aversion presque viscérale pour les agents de police, les "brasses-carrés" ceux qui les ramenaient parfois de force sur le bateau quand ils avaient déserté, ceux qui, aussi, représentaient l'ordre terrestre à des hommes qui n'étaient pas de notre terre, les autres motifs des condamnations de son casier sont bien représentatifs du marin à terre. L'ivresse, le tapage nocturne et les bagarres, tout ce qui, en somme, ne pouvait exister sur le bateau sans mettre celui-ci en péril. Ces attitudes de défoulement, loin d'être déshonorantes, faisaient partie du folklore de la marine. Curieusement, Alfred L. tâte de la voile à partir de 1896 en s'embarquant sur le trois-mâts *Rhône* : il semble y prendre goût car il choisit ensuite la goélette *Joséphine*, mais là, fait remarquable, il révèle toutes ces qualités de marin à voiles car on l'engage comme maître d'équipage. Cela veut dire que sur le *Rhône*, il avait dû convaincre ses supérieurs de ses qualités. A plus de 40 ans, ce marin qui semblait destiné à une éternelle carrière de matelot, se mit à commander des hommes. Comme par hasard, il n'aura plus jamais de condamnation et il devient un marin modèle. C'est alors que le *Quevilly* l'enrôle en tant que second maître du 3 janvier 1897 au 8 mars 1898, soit plusieurs embarquements de suite puisqu'on retient sur son matricule une période de 3 mois et 3 jours puis de 2 mois et 16 jours de service à bord. On voyait d'ailleurs parfois un simple matelot être promu maître d'équipage en cours de route quand les circonstances l'exigeaient. Nécessité fait loi, notre marin repart sur le vapeur *Arago* et en tant que simple matelot, en 1898. Il n'avait dû trouver d'embarquement sur un voilier à ce moment-là.
A partir de là, il va terminer sa carrière uniquement dans la marine à voiles en embarquant successivement sur les trois-mâts : *Bonne Mère*, *Christophe Colomb*, *Général Chanzy*, *Elisabeth*, *Seine* et enfin *Mac-Mahon*. Le plus souvent, il est choisi

Quand la tempête sévissait, deux hommes n'étaient pas de trop pour tenir l'impressionnante barre du *Quevilly*. On distingue un abri de barre, ce qui n'était pas courant sur les voiliers de l'époque.

comme maître d'équipage, plus rarement comme simple matelot quand la place était déjà donnée à un autre homme. On s'aperçoit ici, aux vues de ses états de service, que ses qualités étaient bien mieux reconnues à bord des voiliers que des vapeurs, ce qui explique le retournement complet de sa carrière. La bonne conduite qu'il s'acheta alors en est, bien sûr, le résultat.

On voit aussi des hommes qui, par goût, ne se spécialisent pratiquement que dans la navigation à voiles. Ainsi, le matelot René Garric qui, après avoir servi sur de nombreux torpilleurs de 1885 à 1888, s'engage sur 43 bateaux différents au cours de sa vie maritime. Il est tout à fait exceptionnel qu'il soit engagé sur un vapeur, par contre il ne refuse aucun embarquement sur les voiliers. On voit défiler sur son registre matricule les yachts (où il convoyait les grands de ce monde), les bricks, les goélettes et enfin les trois-mâts avec le *Christophe Colomb* en 1897, puis les quatre-mâts semblent devenir sa spécialité. Garric sert en tant que matelot sur le *Quevilly* le temps d'une simple rotation de 2 mois et 19 jours, fin 1897 début 1898.

Vu le nom des navires sur lesquels il navigua par la suite, on comprend que ces hommes finissaient par se connaître, au hasard d'un embarquement. Il sert en effet sur l'*Asie*, l'*Elisabeth*, l'*Eugénie Siegfried* et l'*Emilie Siegfried*. Sur tous ces bateaux, habitués des parages de la baie de Seine, les inscrits du Havre et de Rouen jetaient souvent leur dévolu. Ils avaient ainsi toutes les chances de revenir désarmer près de leur habitation et d'économiser ainsi les gros frais d'hôtel.

Les hommes du *Quevilly*, on l'a vu, étaient des marins ordinaires, il n'est donc pas surprenant de constater que, comme partout, les Bretons dominaient parmi eux. Les

Une fois l'an, souvent au mois de novembre, le *Quevilly* rentrait en cale sèche au Havre pour le carénage. C'était l'occasion de lui donner un coup de peinture, c'est pourquoi on a pu le voir changer de couleur au cours de sa carrière.

Le capitaine Lagnel, les officiers et l'équipage posent pour la traditionnelle photo aux docks de New York à Constable Hook, pendant l'été 1909. Le deuxième à partir de la droite au troisième rang est le maître d'équipage Rouxel de Rouen.

inscriptions maritimes sont multiples : Saint-Nazaire, Paimpol, Auray, Dinan, Vannes, Saint-Brieuc, Belle-Ile, Binic, Lannion, Saint-Malo, Tréguier, Le Croisic, Morlaix et Brest bien sûr. Ce peuple de marins fournissait près de 80 % des hommes des embarquements de la Manche et de l'Atlantique ! Sur le *Quevilly*, au cours de la première année, on relève les noms de neuf Havrais, un Fécampois, le nommé Manchou, et ceux de quatre Rouennais seulement. Les autres ports représentés sont ceux de la Manche avec Cherbourg, La Hague, Granville. Parfois un marseillais ou deux viennent se perdre dans les brumes du Nord, et encore plus rarement un Corse qui atterrit là, au hasard d'un embarquement.

Certains marins ayant fait leurs classes sur le *Quevilly* se retiraient alors vers des eaux plus tranquilles. Ainsi, Louis Diesmis, après avoir travaillé sur le bac de la *Mailleraye* en 1897, s'embarqua sur le *Quevilly* en 1898 comme maître d'équipage. Par la suite, il pratiqua le bornage en Seine, en tant que patron sur le *sloop AB de la Mailleraye*. Prudent Prévost évoque, dans ses mémoires, ce personnage qu'il connut bien : "*Il y avait aussi l'AB, commandé par le père Diesmis qui, tout en se débrouillant n'avait pas beaucoup de chance*". Il semble que le *sloop* de l'ancien marin du *Quevilly* était dévoré par la vermine de toutes sortes : rats, puces, punaises. On comprend mieux pourquoi les commandants du *Quevilly* s'attachaient à ce que leur bateau soit d'une propreté hors paire.

Pour terminer, examinons le cas d'un marin inscrit au Havre, dénommé François

Saunier. Il était né à Pleubian dans les côtes du Nord, le 9 avril 1859, mais il habitait Le Havre depuis fort longtemps. Voilà comment son matricule le décrit : taille, 1 m 64, cheveux bruns, front découvert, sourcils châtains, yeux bleus, nez ordinaire, bouche moyenne, menton rond, visage ovale. Les descriptions physiques, au cours des temps, étaient de plus en plus poussées, mais à défaut de portrait photographique, on imagine mal qu'une telle description eut pu énormément servir. Ces hommes seraient considérés aujourd'hui de petite taille. Sur les registres consultés, la majorité dépasse à peine le mètre soixante et rares sont ceux qui atteignent le mètre soixante-dix mais cela, bien-sûr, ne retirait rien à leur vigueur. Saunier fait montre d'une carrière assez exceptionnelle par son nombre d'embarquements et par sa longévité. Il effectue son service réglementaire et sert sur huit navires de guerre différents jusqu'en 1886. Il reprend alors sa carrière commerciale sur pas moins de 48 navires de tous types, allant de la chaloupe à vapeur, jusqu'aux grands quatre-mâts du début du siècle. On voit bien ici que les marins étaient très polyvalents, mais cela ne les empêchait de faire certains choix. Le voilier a nettement la préférence de Saunier qui a peut-être continué de naviguer après 1900, mais le registre ne le dit pas.
A bord du *Quevilly*, chacun avait une tâche bien définie et si un homme n'était pas à son poste, cela se faisait ressentir durement. Au cours des deux premiers voyages, il n'y avait que 30 hommes à bord avec les 2 passagers dont on a parlé. Très vite, le nombre s'est avéré un peu juste et, au cours du troisième voyage, le 16 septembre 1897, il y avait 34 hommes à bord. Les équipages ont alors varié autour de ce chiffre, jusqu'à 36 hommes parfois, mais quand il y avait des malades laissés à l'hôpital de Philadelphie ou des désertions, il arrivait qu'un équipage "allégé" rallie Rouen.
Ainsi, le 29 décembre 1897, seuls 29 hommes étaient à bord du *Quevilly* pour partir des Etats-Unis vers Rouen. Comme sur tous les bateaux, l'équipage est divisé en bordées : la bordée de tribord et la bordée de bâbord. La nuit, les quarts durent quatre heures et

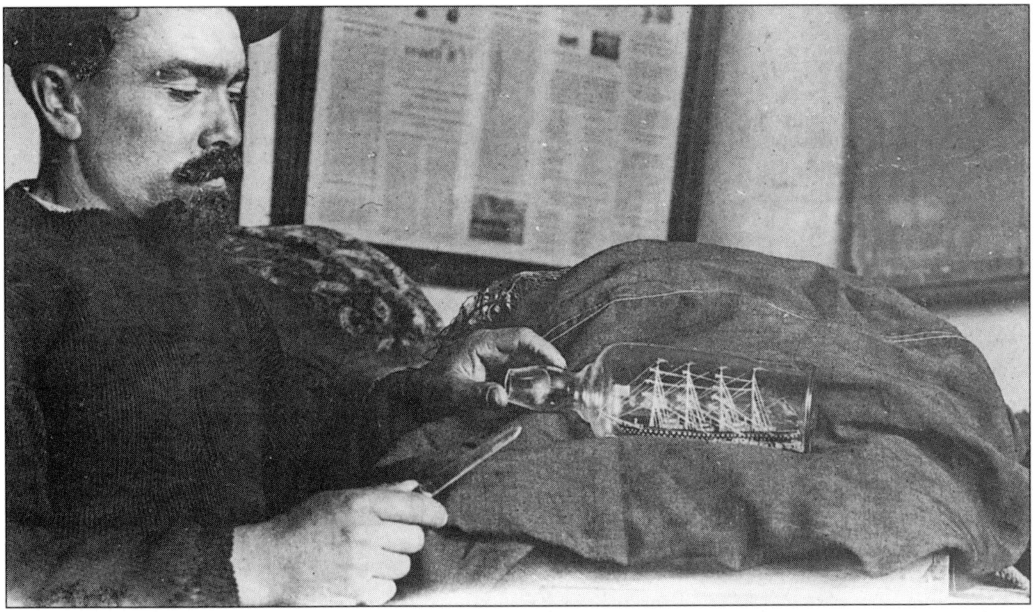

L'habileté manuelle des matelots n'avait d'égal que leur patience. On peut penser, cependant, que la brièveté des voyages du *Quevilly* ne permettait pas aux marins de confectionner leurs maquettes à bord.

commencent à 20 h. La nuit se déroule donc comme suit : 1ère bordée de 20 h à minuit. La 2e bordée prend la relève de minuit à 4 h. Enfin, la 1ère bordée reprend son quart de 4 h à 8 h du matin. A partir de ce moment-là, tout le monde est de service, c'est l'heure du petit déjeuner et de la goutte. Cinq centilitres d'alcool sont donnés à chaque homme, une fois le matin, et une fois le soir après le dîner avant de prendre le quart. C'est alors la goutte de la nuit. Quand une bordée a effectué deux quarts dans une nuit, elle ne fera qu'un quart la nuit d'après. On alterne donc ainsi pour que les hommes puissent récupérer, mais quand le temps se gâte, tout le monde est sur le pont. De même, quand il faut virer de bord, il est nécessaire d'avoir les deux bordées ensemble, ainsi qu'aux appareillages et aux accostages. Seuls le capitaine, les mousses, le cuistot et le mécanicien ne font pas partie d'une bordée, mais c'est presque pire ; le commandant ne dort que très peu, il doit avoir l'oeil sur tout. Quant aux seconds, ce sont les capitaines au long cours, et ils attendent de la part des armateurs le commandement d'un voilier, s'ils ont réussi à faire leurs preuves. Il n'y a pas de réelle compétition, semble-t-il, entre le commandant et le second, si on en juge par les rapports de mer et ce n'était pas toujours le cas sur les autres bateaux. Mais sur le *Quevilly* le commandement semble bien assuré, car pratiquement tous les commandants ont été second sur le *Quevilly* à un moment donné dans leur jeunesse. C'est le cas du capitaine Cousin qui fut même lieutenant dans les débuts du *Quevilly* ou du capitaine Lagnel. On voit même dans le rôle d'équipage de 1899 le capitaine Dieulangard, le second Ladonne et le lieutenant Cousin. Tous trois ont été commandant du *Quevilly* par la suite. Après le second, par ordre hiérarchique, on trouve le lieutenant.

Le plus souvent, le lieutenant était un élève de la marine marchande. Il attendait dans ce cas le moment de passer second après quelques voyages, car souvent l'âge de ces lieutenants dépassait à peine la vingtaine d'années. Alors que le second faisait partie des bâbordais, le lieutenant commandait les tribordais. C'est à lui que revenait l'entretien des voiles, ce qui explique pourquoi à bord du *Quevilly* on voit un jeune lieutenant se percer la main avec une aiguille de voilier ; c'est ainsi qu'ils apprenaient

Le travail du marin n'est pas parfaitement à l'échelle, mais on est quand même stupéfait du résultat si proche de la réalité.

le métier. Dans le premier rôle d'équipage du *Quevilly*, on s'aperçoit qu'il n'y avait pas encore de lieutenant (tout au moins pour le titre) bien que la fonction soit assurée par le premier maître d'équipage. En effet, le lieutenant Etienne Morand est engagé en tant que maître à 100 francs par mois puis comme lieutenant à 120 francs et enfin à 140 francs. Rapide promotion pour ce maître d'équipage qui s'était rendu indispensable. Quant au second lieutenant, Paul Huet, il a tout juste 19 ans, il est diplômé de la marine marchande mais c'est plutôt en tant que pilotin qu'il est engagé car il ne touche que 40 francs. C'est à lui de gérer les provisions de la cambuse. Il se lie souvent d'amitié avec les novices et les pilotins. Le *Quevilly* en a vu défiler de nombreux qui firent d'excellents capitaines sur d'autres bateaux plus tard. En principe il ne touche pas de solde, mais l'armement reverse une somme correspondant à la moitié du mois d'un matelot à la caisse des invalides de la mer pour chaque pilotin embarqué. Il pouvait arriver que le pilotin paye même ses frais de bouche pour être embarqué, mais il ne semble pas que ce soit le cas à bord du *Quevilly*. On voit parfois un pilotin étranger venir à bord, comme un jeune Belge dans l'armement de 1913. D'autres fois, le pilotin change de statut en cours d'armement et devient second lieutenant. Il touche alors immédiatement une paye mais elle ne dépasse pas celle d'un matelot.

Il y a une transition entre "l'arrière" où se décide le commandement et "l'avant" où les marins exécutent les ordres. Les deux maîtres d'équipages ont leur royaume, on l'a vu, au centre du *Quevilly*. Ils sont deux mais leurs responsabilités sont différentes. Le premier maître d'équipage perçoit une solde nettement plus importante que le deuxième maître. On l'appelle le Bosco. Sorti du rang des simples matelots, il se distingue par son habileté, son courage, son sens du commandement. Il est souvent considéré comme "gueulard" par l'équipage. C'est à lui que revient le rôle de transmettre aux hommes les ordres du commandement. Mais il sait aussi se servir de l'aiguille pour réparer les voiles et c'est lui qui désignera les matelots les plus habiles pour l'aider à ravauder les voiles déchirées. C'est encore lui qui commande la bordée de quart, sous la responsabilité du second ou du premier lieutenant.

Une demi-coque du Quevilly réalisée avec des os de pot-au-feu. On distingue les couleurs de l'armement Prentout.

Il possède une cabine et un petit carré qu'il partage avec le second maître d'équipage, qui lui aussi fait partie de ce que l'on appelle le PEM (le petit état-major). Le second maître d'équipage commande sa bordée et assure les mêmes fonctions que le premier mais sa solde est souvent d'un quart inférieure au premier. Le matelot méritant accédait au PEM quand un capitaine avait remarqué ses capacités. Un Breton nommé Rouxel, qui s'établit à cette époque à Rouen, effectua un premier voyage à bord du *Quevilly* en 1907. Le capitaine Gaude, enchanté par cette nouvelle recrue, le recommanda chaudement au capitaine Lagnel qui prenait alors en main la destinée du voilier. Rouxel, remarqué pour son sérieux et sa tempérance, car il ne buvait jamais une goutte d'alcool, embarqua alors pour cinq voyages en 1908 et 1909 en tant que second maître. Par la suite, alors qu'il avait fondé une famille à Rouen, il devint patron de bornage à bord des dragues et des remorqueurs de la Seine. Mais dans sa tête, il demeurait un véritable cap-hornier.
On assiste parfois à de curieuses promotions à bord du *Quevilly*. Ainsi, en 1900, le capitaine Loisel décide de ramener le second maître d'équipage payé 90 francs par mois aux simples gages de matelot à 80 francs. Manifestement, il a démérité et le capitaine prend sur lui de le ramener de sa cabine du centre du bateau, au carré des tribordais ! La punition tout au moins d'ordre financier est annulée immédiatement par l'inscription maritime car "*la punition n'est pas prévue dans le décret disciplinaire de 1852 modifié par loi de 1898*". Quand un maître d'équipage a failli à son devoir, on voit souvent le capitaine et l'armateur enrager de devoir continuer à le payer aux gages notifiés lors de son engagement ! Le plus curieux dans cette affaire, c'est que le matelot Manchou qui bénéficiera de la promotion "*suivant décision du capitaine à la mer est passé second maître aux gages de 90 francs le 17/09/1900*", déserta un mois plus tard à Philadelphie ! On peut facilement imaginer que le second maître destitué devait bien rire sous cape au voyage de retour.
A bord du bateau, on perçoit la transition de la voile à la vapeur par le rôle de plus en plus important du chauffeur qui prend le nom par la suite de mécanicien. Il se charge, au centre du navire, de l'entretien des deux chaudières et globalement de tout ce qui concerne de près ou de loin la mécanique. Il peut être à l'occasion forgeron ou même charpentier. A ce propos, on voit parfois des charpentiers engagés à bord du *Quevilly* car il y a encore beaucoup de bois dans les aménagements du navire, mais le plus souvent le mécanicien assure les deux fonctions. Il doit être capable aussi bien de monter dans la mâture en acier pour réparer une pièce défectueuse que de rester enfermé dans son coffre par des chaleurs étouffantes pour entretenir ses chaudières. Un peu à part, dans ce monde de la voile, il est souvent mis à l'écart par l'équipage mais, par contre, son salaire, près de quatre fois plus important que celui d'un simple matelot, le distingue de l'ensemble et met l'accent sur son rôle indispensable à bord d'un navire en acier tel le *Quevilly*. Ces hommes simples, parfois passablement asociaux, savaient reconnaître la valeur maritime du commandement, et, en cas de coup dur, c'est l'oeil rivé sur le capitaine que les matelots accomplissaient leur tâche, car ils étaient clairement conscients que leur survie en dépendait.
De toute façon, ces voyages s'imprégnaient pour longtemps dans la mémoire de ces hommes, car les moments forts les marquaient, surtout les jeunes qui n'avaient pas encore bourlingué. Ainsi, en 1906, un jeune marin de Grand-Quevilly nommé Cabot, embarque en tant que novice à 35 francs par mois. Le jeune homme n'avait alors que 18 ans, et de la mer plein la tête. Il effectua une première rotation où il sut se faire apprécier pour ses qualités de marin en herbe, mais aussi pour son courage face à

l'ouvrage. Immédiatement, le capitaine Ladonne l'engagea à nouveau avec une promotion, en qualité de maître d'hôtel. Il voyait ainsi ses gages passer à 60 francs par mois. Il faut croire que le capitaine devait éprouver une certaine sympathie pour ce jeune homme qui ne demandait qu'à apprendre. Par la suite, après s'être fait délivrer un certificat élogieux par son capitaine, il effectua son nouvel embarquement à bord du *Françoise d'Amboise*, cette fois-ci pour le grand voyage. En passant le Cap-Horn, il alla rejoindre Frisco (San Francisco) à peine remis de son terrible tremblement de terre de 1906. A son retour à Grand-Quevilly en 1908, il prit sa retraite de marin, car sa future femme ne voulait pas devenir "*femme de marin, vie de chagrin*". En effet, les matelots mariés étaient bien rares à bord et s'ils se décidaient à faire des enfants, le plus souvent ils arrêtaient de naviguer. C'est ainsi, qu'à 20 ans tout juste, le jeune Cabot prit sa retraite de matelot. Tout au moins dans les faits, car en réalité, il garda toute sa vie du sang salé dans les veines. Il entreprit alors de construire des maquettes du *Quevilly* sous toutes ses formes. Avec les os du pot-au-feu, il façonna plusieurs maquettes du bateau, en prenant soin, à chaque fois, de la peindre exactement comme l'était le *Quevilly* à ses débuts, avec la couleur blanche et bleutée, et en soulignant bien la ligne des faux-sabords.

Bien sûr, il ne disposait pas des plans du bateau, alors, c'était au jugé qu'il le façonnait et même si les mesures n'étaient pas toujours exactes, le superbe quatre-mâts restait très reconnaissable. Puis il se mit à confectionner des demi-coques avec tous les matériaux dont il pouvait disposer, de même qu'il entreprit la construction d'une myriade de *Quevilly* en bouteille. Fait curieux, il n'immortalisa jamais le *Françoise d'Amboise*. Il mettait un soin extrême à bien marquer le nom *Quevilly* sur la proue du navire. Et c'est ainsi que ce jeune novice navigua, en rêve, sur les maquettes et autres réductions du bateau qu'il aima tant, jusqu'à sa mort en 1975, à 87 ans.

Le jeune marin Cabot (désigné par la flèche), qui aima tant le *Quevilly*, pose ici avec des camarades à bord d'un vapeur.

L'indiscipline

Le commandant Lacroix, qui connut très bien les officiers du *Quevilly*, rapporte plusieurs anecdotes que ceux-ci lui avaient confiées. C'est un éclairage important sur la vie à bord et sur l'âpreté des rapports humains sur un grand voilier. Ainsi, il nous conte l'histoire d'un marin, dont un marchand d'hommes du Havre, un nommé Gambillon, se débarrassa en le faisant engager à bord du *Quevilly* : "*Ce voyage là, justement, le capitaine avait décidé de prendre la route du nord, il remonta doubler Fasnet au sud-ouest de l'Irlande dès sa sortie de la Manche. Les manoeuvres étaient dures et fréquentes au cours des dépressions qui se succèdent si rapidement en ces parages et le protégé de Gambillon trouva bientôt qu'on faisait appel trop souvent aux deux bordées ensemble sur le pont. Il s'en prit d'abord au premier lieutenant, monsieur Viaud, d'Auxerre, un géant de 1 m 82 de guindant à croisure de hunier, qui eut vite fait, sans bruit, de le mettre à la raison. Le mauvais garçon, comme on disait alors, jura d'avoir la peau d'un officier. Treize jours après le départ, vers deux heures du matin, le navire courant tribord amures par grosse brise, on appela tout le monde pour la manoeuvre et border la misaine. Suivant l'usage de ce temps, le second se posta sur la lisse, crochant dans l'écoute, pour stimuler ses hommes. Tout à coup, il se sentit enlevé par la jambe gauche, faillit perdre l'équilibre et tomber à la mer. D'un prompt rétablissement, il sauta sur le pont et se rendit compte que seul l'homme qui se trouvait près du clan d'écoute pouvait avoir fait le coup. Or, c'était justement celui dont il est question plus haut. Van der Kemp ne lui dit rien mais, la nuit suivante, pendant qu'il était au bossoir, il eut avec lui une explication à la suite de laquelle l'intéressé débarqua, dix jours après, à l'arrivée à Marcus-Hook, demandant à aller à l'hôpital. En débarquant, il signifia au second qu'il le reverrait, mais ne tint jamais sa promesse*".

Ce témoignage montre à quel point, dans les moments difficiles, les passions pouvaient être exacerbées à bord, et pour ces jeunes officiers sortis de l'école de la marine marchande, il ne devait pas être simple de trouver le ton juste pour commander de tels hommes. Les règlements de compte d'homme à homme, hors de toutes les sanctions officielles, restaient le dernier recours pour des officiers se sentant parfois en danger mortel.

Les conditions de travail terriblement éprouvantes pesaient fortement sur ces hommes. Ne disait-on pas que, quand à Cayenne on demandait aux bagnards d'effectuer une tâche plus difficile que de coutume, ceux-ci répondaient : "*Vous nous prenez pour des matelots ?*" (cité par Lacroix). Dire que la vie sur les voiliers s'apparentait à une vie de forçat n'a donc rien d'un euphémisme. Les désertions nombreuses dans la marine à voiles représentaient un problème majeur pour les commandants et tout était fait pour les prévenir. Un article du *Yacht* de 1903 attire l'attention sur ce problème : "*Tout le monde connaît la situation difficile faite à nos voiliers par suite des exactions des marchands d'hommes américains, auxquels les capitaines sont redevables de cinq ou six désertions qui se produisent régulièrement à chaque voyage. Malgré les plaintes nombreuses que n'a cessé de faire entendre l'armement français le "crimping" continue de faire des ravages sur les voiliers français dont les dépenses sont augmentées de ce chef de plusieurs milliers de francs par navire. Les marchands d'hommes, haïs par les capitaines, demeuraient le dernier expédient quand il manquait quelques hommes pour lever l'ancre. En France, le métier avait pratiquement disparu mais aux Etats-Unis, cette fonction subsistait encore. Les marchands d'hommes soudoyaient les marins en goguette, les saoulaient puis les faisaient embarquer sur*

Ce document exceptionnel témoigne de l'incroyable enchevêtrement des gréements et des drisses. Le cabestan sur le pont montre les trous dans lesquels on logeait les barres de cabestan.

un autre bateau. Bien sûr, ils percevaient une commission sur chaque embarquement et certains avaient réussi à acquérir une véritable fortune par ces pratiques".

Leur puissance était telle qu'en 1907, le capitaine Bondrot, commandant le trois-mâts Belen, fut emprisonné à Portland sur la plainte d'un marchand d'hommes. Le *Quevilly*, lui aussi, connut son lot de désertions aux Etats-Unis, comme tout voilier. Le premier déserteur en date fut le matelot de Vannes, Vincent R. Il déserta le 31 octobre 1897 en emportant ses affaires. Comme il avait reçu une avance de deux mois, soit 110 francs, et qu'il n'avait acquis que 80,02 francs pour ses services, il était redevable de 29,98 francs à l'armement.

Quand le matelot était retrouvé, plusieurs mois ou années plus tard, on ne manquait pas de lui faire acquitter sa dette, indépendamment des sanctions pénales. Le 28 janvier 1898, ce fut le tour du matelot R., de La Hague. Non seulement il devait 62,10 francs à l'armement, mais aussi 12,50 francs à l'Etat pour frais de passage entre Cardiff et La Rochelle. Une dette envers l'Etat était considérée comme plus grave dans l'échelle des délits. La veille, le 27 janvier 1898, deux autres matelots désertaient à Philadelphie, les matelots G., de Dakar, et Le B., de Lannion. On peut le constater, trois hommes manquant à l'appel ce jour-là, il devenait nécessaire au commandant Chotard, bien que cela lui répugnât fortement, de faire appel à un marchand d'hommes pour pallier aux défections. Le *Yacht*, une fois de plus en 1904, se plaint de l'indiscipline montante. En fait, le journal se fait l'interprète des capitaines et des armateurs. Une ordonnance de Colbert, d'août 1681, autorisait les capitaines "*à faire donner la cale, mettre à la boucle et punir d'autres semblables peines les matelots mutins, ivrognes, désobéissants et ceux qui maltraitaient leurs camarades*".

En effet, les gens de mer, passibles des tribunaux ordinaires pour les délits et crimes de droit commun, n'étaient soumis à une juridiction spéciale que pour les fautes purement maritimes, d'après la loi de 1852. Il fallut attendre la loi du 15 avril 1898 pour modifier les peines de la loi de 1852. Qu'on en juge, ce n'est qu'à cette date qu'est supprimée, officiellement, la peine d'amarrage aux mâts et à la vigie sur les barres de perroquet. Cette punition d'un autre âge existait donc encore en principe au moment du lancement du *Quevilly*. Mais il faut voir qu'en 1884 fut promulguée la loi sur le droit d'association des syndicats professionnels. La revue *le Yacht* dénonce alors avec vigueur ce qui lui semble être une atteinte au pouvoir du capitaine. En effet, des syndicats d'inscrits maritimes commençaient à se créer et pour *le Yacht* cela semblait être la cause évidente de l'indiscipline régnante, le droit de grève étant l'équivalent d'une désertion pour un marin : "*Aussi voyons nous l'indiscipline grandir à bord des bateaux de commerce, les refus formels d'obéissance se répéter ainsi qu'il apparaît des rapports des capitaines. Ainsi se trouve expliquée l'arrogance insupportable des syndicats de marins qui proposent l'embarquement sur chaque navire d'un ou plusieurs délégués chargés de contrôler la conduite des états-majors*". On sent ici à quel point les idées sociales tardaient à s'imposer dans le monde de la voile. Même le capitaine Lacroix, auteur de véritables monuments sur les derniers cap-horniers, semble sur ce point peu ouvert aux innovations sociales. Il accuse même dans ses livres la loi des huit heures comme étant la cause principale de la fin de la marine à voiles. Pourtant, les cas d'indiscipline devaient être nombreux. *Le Journal de Rouen* rapporte une anecdote significative sur ce sujet, "*Une bagarre sur le navire*" : "*Le trois-mâts allemand Wodan, qui a quitté notre port samedi dernier, a eu son départ retardé par plusieurs péripéties qui méritent d'être rapportées. Ce navire, dont le capitaine et le second appartiennent seuls à la nationalité allemande, a son équipage composé de matelots anglais, irlandais, suédois, norvégiens et français. Ces derniers sont au nombre de quatre. Vers sept heures du matin, le capitaine donnait l'ordre d'appareiller et tous les matelots se mettaient à la manoeuvre, mais trois-quarts d'heure plus tard tout l'équipage, à l'exception des matelots français, se trouvait ivre-mort. Il n'avait pas fallu plus longtemps pour une pareille métamorphose. On voit d'ici la tête du capitaine ! Il fallait, pour repartir, attendre que le vin fut cuvé, ce qui demandait au moins plusieurs heures. Le capitaine s'en prit à son second, qui avait la langue pâteuse, et il y eut échange de termes vifs. Il s'aperçut, en outre, que la chaîne de l'ancre était prise dans celle d'un navire voisin, ce qui contribua à le rendre de plus mauvaise humeur. Le capitaine interpella de nouveau le second, mais ce dernier, qui n'admettait pas une pareille observation, le souleva par la ceinture et l'envoya rouler sur le pont. Le capitaine appela alors à son secours un gendarme de la marine qui se trouvait sur le quai et qui monta à bord. Une courte lutte s'engagea, mais le gendarme de la marine, taillé en hercule, put réduire le second à l'impuissance et le conduire, menottes aux mains, au poste de police de la cale Saint-Eloi. Dans l'après-midi, le second, qui était à peu près dégrisé et plus calme, fut ramené par le même gendarme à bord du Wodan ; mais là, nouvelle altercation : le second, en apercevant son capitaine, s'élança sur lui comme pour n'en faire qu'une bouchée. Nouveau rappel du gendarme qui s'élança sur le forcené et, avec l'aide d'un matelot, lui passa les fers aux mains. Il l'enferma ensuite dans sa cabine. On croyait la bagarre finie, et le gendarme s'éloignait ; mais au bout de dix minutes, le second faisait voler aux éclats la porte de sa cabine et allait, les fers toujours aux mains se promener sur le pont en narguant le capitaine, devant une foule considérable que cet événement avait amassée sur le quai. Le capitaine ne savait plus à quel saint se vouer ! Enfin, à six heures du soir, le navire appareillait et quittait notre port. Que se passera-t-il en mer ? Le second paraissait avoir une furieuse envie de prendre sa revanche !".*

On imagine que maintenir l'ordre dans de telles conditions devait relever de l'exploit. Les matelots du *Quevilly* étaient des marins comme les autres, mais la parfaite gestion de ce bateau, qui n'embarquait pas n'importe qui et qui n'avait pas besoin de courir partout pour obtenir un chargement, devait donner un semblant d'ordre à l'équipage. Du temps du commandant Chotard il est à noter qu'il n'existe pas, sur le cahier de punitions (document obligatoire), d'apostilles pouvant donner lieu à retenue. En principe, pour de petites fautes, le matelot était condamné au retranchement de son quart de vin. Sur le rôle d'équipage du capitaine Loisel, les retenues disciplinaires sont plus nombreuses. On voit par exemple : Blanchard, Alfred puni de deux repas de retranchement suivant apostille du cahier de punitions. Le prix des quarts de vin était alors versé au profit de la caisse des invalides. Le quart retranché était fixé à 0,20 francs. Pour l'ensemble du commandement Loisel, 12 quarts seulement furent retranchés. Ces punitions légères étaient données le plus souvent quand la mauvaise volonté ou la lassitude du marin se faisait trop forte. Mais parfois, en cas d'indiscipline plus grave, le capitaine, arrivé au port, pouvait s'en remettre au commissaire de l'inscription maritime. La justice de la mer faisait place à une juridiction spéciale qui, en principe, suivait les recommandations du capitaine. Si on consulte le registre des punitions infligées par le commissaire de l'inscription maritime, on constate tout d'abord que les punitions sont plus nombreuses au tout début du siècle et qu'elles se font plus rares au cours du temps, signe probable d'une évolution des moeurs, alors que le marin voit son statut se rapprocher de celui des ouvriers à terre. Par conséquent, ses droits devaient être mieux défendus.

En 1897, le matelot Jules P., âgé de 25 ans et inscrit à Brest, est condamné à 8 jours de prison pour négligence en service. On ne sait pas exactement quelle est la faute commise, mais ce devait être assez grave. La peine était exécutée à terre dans une véritable prison. De même, deux matelots du *Quevilly*, Félix L. et Georges L., sont condamnés à 4 jours de prison pour le même motif. Dans son histoire, le *Quevilly* a eu environ 25 marins condamnés à des peines diverses. En fait, si on relève l'ensemble des punitions infligées aux hommes du *Quevilly* pendant un quart de siècle, on retrouve toujours les mêmes motifs. En tête, c'est l'ivresse à bord qui est le délit le plus fréquent. Elle peut être qualifiée "*sans désordre et querelle*" et, dans ce cas-là, c'est bénin, ou "*avec désordre et scandale à bord*", ce qui pouvait entraîner jusqu'à huit jours de retenue de solde. Parfois, le motif de la punition pouvait être notifiée par un "*scandale à bord*". Ensuite, on relève surtout des négligences en service comme "*puni pour avoir manqué son quart*" et parfois même des "désobéissances". Là aussi, la désobéissance peut être simple comme "*n'a pas exécuté l'ordre donné par le second de monter sur le pont pour une manoeuvre dans le port ou a manqué son quart*". Cela pouvait se solder parfois par des retenues de 1/3 de solde pendant 6 mois ! La sanction d'ordre pécuniaire était donc particulièrement lourde ou alors aggravée quand la désobéissance s'accompagne d'injures "*injures grossières envers son capitaine*". On voit des condamnations pour ce motif atteindre six jours de prison et six mois de service à 2/3 de solde. Ici, le marin écopait le plus souvent de la prison arrivé au port. De plus, dans son certificat de travail, délivré par le capitaine, il risquait fort d'avoir une appréciation désagréable qui pouvait lui barrer la route de certains embarquements. Le *Quevilly*, durant ses 25 ans de carrière, n'a connu que deux notifications de punition de ce type. Par contre, ce genre d'histoire devait se régler de façon beaucoup plus expéditive le plus souvent. En 1899, Alphonse C. est condamné à 6 jours de prison pour réponse inconvenante au deuxième capitaine. Il a moins de chance que Auguste Le C. qui n'écope que de 2 jours

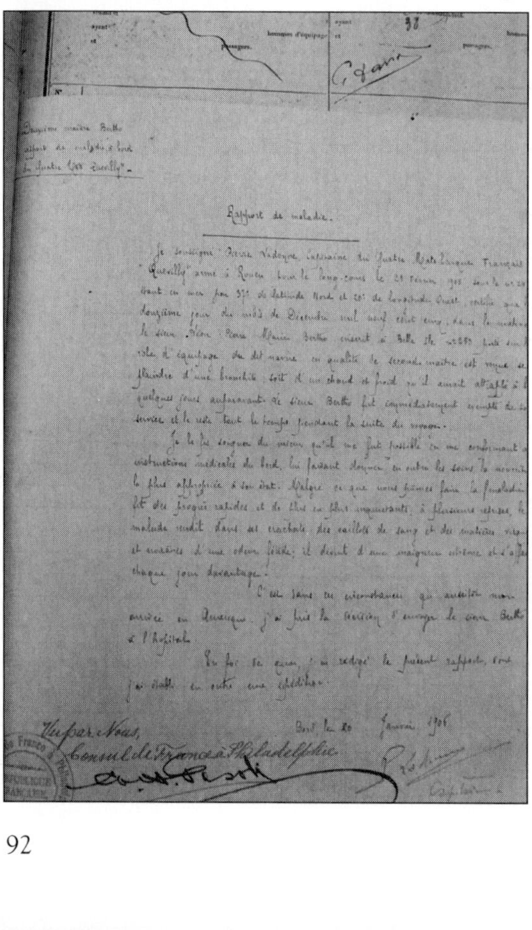
Rapport de maladie.

Vu par Nous,
Consul de France à Philadelphie.

Toute blessure était l'occasion d'un rapport circonstancié de la part du capitaine. Ici, le capitaine Ladonne relate un accident survenu au maître d'équipage Bertho. Ce rapport devait être ensuite soumis au consul qui le visait.

de prison pour manque de respect envers le capitaine.
Les cas de désertion sont parfois qualifiés moins gravement comme "*absence illégale*", parfois même par un "*a manqué le bateau*", sans précision. Quand le capitaine souhaitait une retenue de solde sans sanctions pénales, il préférait motiver la punition ainsi. Les cas de désertion restaient les plus graves aux yeux de la loi. En 1898, le matelot Pierre P., de l'âge respectable de 45 ans, inscrit à Honfleur, est condamné pour désertion, mais comme il fait défaut, sa peine n'est pas prononcée. Par contre, Philippe E., un des plus vieux marins de l'histoire du *Quevilly*, âgé de 52 ans, est condamné à un mois de prison pour désertion à l'intérieur. On ne connaît pas les circonstances de cette désertion. Enfin, si la bordée se faisait quelque peu attendre à terre, on condamnait les matelots pour absence de moins de trois jours sans permission. C'est le cas, en 1900, de cinq matelots, dont le charpentier. Ils se voient infligés des peines de un à trois jours de prison. Il est bien précisé sur le registre que les cinq matelots du *Quevilly* ont été entendus par le commissaire de l'inscription maritime. Mais l'intempérance des marins est bien connue et, quand une occasion se présentait, ces hommes ne la dédaignaient pas. En 1906, 13 marins tirent en bordée ce qui leur valut une condamnation. On imagine d'ici la tête du pauvre capitaine Ladonne se retrouvant avec près de la moitié de ses hommes ivre-morts. Aussi, ne dut-il pas goûter la plaisanterie, car ce jour-là, le tribunal fit un véritable prix de groupe !
Pourtant, l'armement Prentout savait se montrer clément pour ses hommes. On relève, en effet, que le matelot Charles R. déserte le *Quevilly* le 28 janvier 1898. Après avoir repris du service sur le trois-mâts *Amélie* de Saint-Nazaire, il revient sur le *Biessard*, du même armement Prentout, dès le 14 juillet 1900 !
Manquer le départ pouvait représenter pour le matelot malhonnête un moyen commode d'obtenir quelques liquidités faciles. Quand on prend le cas de Pierre P., de

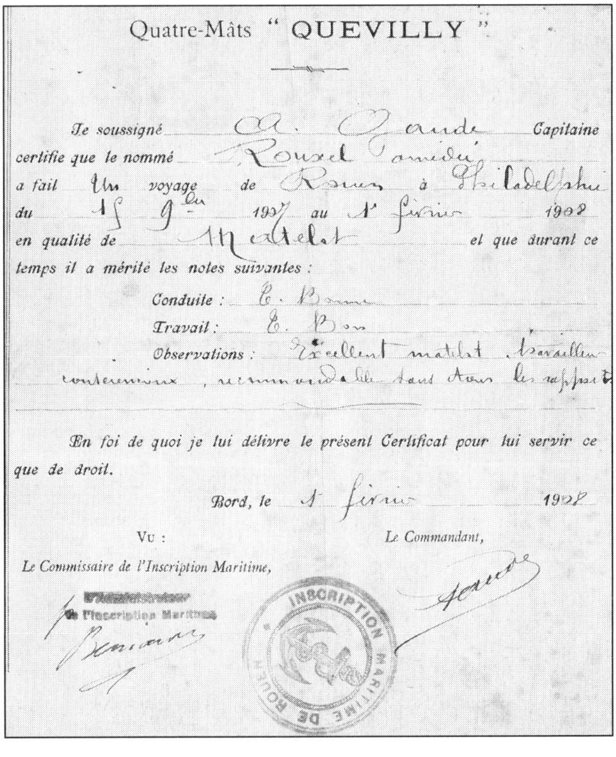
Quatre-Mâts " QUEVILLY "

Je soussigné A. Gaude Capitaine
certifie que le nommé Rouxel Amédée
a fait un voyage de Rouen à Philadelphie
du 15 9bre 1907 au 1er février 1908
en qualité de Matelot et que durant ce
temps il a mérité les notes suivantes :
Conduite : E. Bonne
Travail : E. Bon
Observations : Excellent matelot travailleur consciencieux, recommandable sous tous les rapports

En foi de quoi je lui délivre le présent Certificat pour lui servir ce que de droit.

Bord, le 1er février 1908

Vu :
Le Commissaire de l'Inscription Maritime,

Le Commandant,

INSCRIPTION MARITIME DE ROUEN

Après chaque débarquement, le capitaine donnait un certificat à chaque homme placé sous ses ordres. Cela permettait aux marins bien notés de retrouver un embarquement aisément.

Cherbourg, on constate qu'il est condamné par jugement du tribunal maritime commercial du Havre, le 14 décembre 1897, à 6 jours de prison et 9 mois de campagne, à 2/3 de solde ainsi qu'au remboursement des avances non acquises (106,70 francs) pour avoir manqué, le 7 décembre 1897, le départ du *Quevilly* . En fait, la sévérité de la peine s'explique par le fait que le matelot en question était un multirécidiviste de la chose. On relève, entre autres, qu'il avait déjà été condamné, en 1892, au Havre, pour vol, à 4 mois de prison, puis à un an de prison pour vol en 1893 suivi, à nouveau, de 8 mois de prison à Rouen. On constate enfin, qu'autorisé à embarquer pour s'amender sur le trois-mâts italien *Vincenzina*, il n'en fait rien, car on le retrouve sur le vapeur *Fatouville* au même moment. Mais ce genre d'homme est tout à fait exceptionnel à bord du *Quevilly*.

En 25 ans de navigation, on ne voit que deux tentatives de vol à l'égard de la cargaison : "*gaspillage de vivre à l'usage du bord*" et "*tentative de détournement d'objets faisant partie de la cargaison*". Par contre, les vols entre les hommes étaient rarissimes, si on en croit ces registres de punitions. Une seule fois, un matelot est accusé de "*vol d'argent*", quand on songe que le *Quevilly* recevait environ cent hommes par an à bord, cela représente deux à trois mille marins à avoir embarqué à son bord. Un seul vol entre les personnes apparaît donc comme minime. Cela peut s'expliquer, peut-être, par la grande sobriété de l'équipement de ces hommes, mais surtout par une "morale de la mer" qui plaçait les matelots au-dessus des préoccupations des autres hommes. Quand on travaille en équipe en haut des mâts, à souffrir la même peine pour carguer les voiles, cela doit induire une forme de respect pour celui qui souffre à côté de soi et par voie de conséquence, l'idée même de s'approprier ce que l'autre avait obtenu si durement ne leur venait même pas à l'esprit.

Enfin, lorsque les hommes partaient à terre, ce que les capitaines essayaient d'empêcher au maximum, ils étaient prêts à toutes les rixes, et on voit souvent un homme condamné pour un tel motif : "*prévenu de coups et blessures sur un homme du Ferdinand*". Pour ce genre de délit, le matelot écopait de quatre jours de préventive avant d'être mis à la disposition du procureur. La sanction pénale qui suivait était alors proportionnelle à la gravité de la blessure de la victime. Pour terminer cette partie, on peut relever un motif de punition qui laisse perplexe : "*Réclamation injustifiée et a entraîné ses collègues à réclamer*". On n'en sait pas plus, mais on voit ici les revendications qu'on pourrait qualifier de sociales se faire jour. Pour l'armement, il est indispensable que le capitaine tue dans l'oeuf toute possibilité de réclamations, surtout si celles-ci étaient collectives. Cela ressemble fort à une répression syndicale. L'organisation en syndicats des inscrits maritimes fut lente, mais il est très net que, dans les dernières années, ceux-ci se défendaient de mieux en mieux face aux abus de l'armement.

En fait, sur le *Quevilly*, il ne se passa rien de bien méchant, comparé à d'autres navires qui ont défrayé la chronique dans ce domaine. L'affaire de L'*Emilie Siegfried*, un quatre-mâts du Havre qui a longtemps côtoyé le *Quevilly*, est d'une toute autre ampleur. En effet, en 1899, *la Dépêche de Rouen* relata l'histoire d'une soi-disant tentative de meurtre à l'encontre du capitaine. En fait, il y eut sans nul doute de graves problèmes d'indiscipline à bord de l'*Emilie Siegfried* mais un pilotin plein d'imagination et sans doute rancunier broda quelque peu sur l'affaire. De même, la revue *le Yacht*, datée du 9 avril 1904, toujours fidèle à son idée de défense de l'autorité du capitaine, rapporte des anecdotes significatives : "*Le voilier Général de Sonis était amarré à quai à Sydney. Deux hommes d'équipage qui s'étaient enivrés refusèrent le service et troublèrent l'ordre du bord : l'un deux alla même jusqu'à frapper d'un coup de poing au visage le second capitaine du bâtiment qui dut employer la force pour réduire le rebelle à l'impuissance*". On apprend dans la suite de l'article que le matelot porta plainte auprès du consul de France malgré l'interdiction du capitaine. Celui-ci se rendit alors auprès du consul. "*Le capitaine ayant fait remarquer que l'absence de moyens de coercition rendait impossible en fait le maintien de la discipline à bord des bâtiments français, le consul le pria de sortir de son cabinet et de rentrer à bord. En renvoyant le matelot à bord le consul déclara à ce dernier que le second capitaine serait puni... Le consul a commis une faute grave en malmenant ainsi le capitaine devant un délinquant. Tous les capitaines des voiliers français qui se trouvaient à Sydney se sont empressés de protester auprès du ministre de la Marine. Que dire de plus, si ce n'est que des faits semblables à ceux dont le consul de Sydney a été le témoin, presque indifférent, se renouvellent sans cesse à bord des navires de commerce. Les exemples abondent comme en témoignent les lettres des capitaines des voiliers Pierre Antoine, Général de Boideffre, Molière etc... On pourrait multiplier les situations d'actes d'indiscipline. On remarquera que ceux-ci s'appliquent à des voiliers surtout, les vapeurs renouvellent leur équipage plus souvent. Il n'en est pas de même des voiliers qui conservent le même équipage un an et demi et souvent bien plus longtemps. Les séjours que ces bâtiments font dans les ports étrangers donnent lieu parmi leurs équipages, aux désertions, aux bordées et autres actes d'indiscipline. En effet, le matelot qui vient de faire une campagne de deux ans sur un voilier éprouve le besoin légitime de rester à terre plus longtemps que ne le fait son navire qui lui est réexpédié aussitôt après son déchargement. En changeant de navire, le marin change donc d'armateur. La peine de fer a été supprimée, les capitaines ne peuvent plus user qu'exceptionnellement de retranchement de ration, les consuls se refusent à servir, l'autorité du capitaine n'est plus qu'un vain mot*".

L'article conclut sur l'insubordination notoire des marins français à l'étranger. Dans cette histoire, on peut se demander pourquoi le second aurait été puni par le consul sans raison. En fait, il ne devait pas y avoir été de main morte et il est clair que le soit-disant consul apathique voulait mettre un frein à une justice maritime trop expéditive. Ici, apparaît l'ampleur du malentendu entre les gens de la terre et de la mer. Les marins, tout au moins les gradés, ne pouvaient se résoudre à la perte d'une partie de leur pouvoir. Le vieux monde de la justice de la marine à voiles semblait déjà bien ébranlé.

Les drames de la mer

Le métier de marin est un des plus dangereux qui soit. Les occasions d'avoir des plaies et des bosses, surtout à bord d'un voilier, sont multiples. Sur le *Quevilly*, il n'y avait pas de médecin, mais une commission *ad hoc* à terre, composée de 3 médecins et parfois d'un pharmacien, qui contrôlaient tous les ans la pharmacie du bord, en présence du capitaine. Les blessures frappaient sans cesse ces hommes et les occasions de rester estropié n'étaient pas rares. Quand on consulte la liste de la pharmacie du bord, c'est un véritable cours de pharmacopée à la Homais auquel on a le droit. Le quinquina côtoie l'extrait de réglisse et la sacro-sainte huile de ricin.
Les pansements devaient être fort utiles, si on en juge par les cinq mètres de gaze purifiée réglementaire, et les deux kilos de linge à pansements. Les attelles de cuisse, de jambe, de bras, ou d'avant-bras avaient pour but de réduire les fractures, tout au moins pour les moins méchantes. Enfin, l'aiguille à suture et les seringues à injection complétaient l'inventaire. La présence même de ce matériel prouve bien qu'on s'en servait. C'est ici, qu'une fois de plus, le rôle de capitaine prend toute sa dimension, car c'est à lui que revenait de raccommoder ses malades et, sans complexes, les capitaines jouaient de l'aiguille à suture quand cela s'avérait nécessaire. Ces hommes, très habiles pour recoudre les voiles, n'hésitaient pas à recoudre leurs hommes, on s'imagine d'ici la scène. Parfois, un officier pouvait tenir ce rôle ou même un marin jugé particulièrement compétent.
Il ne s'agissait pas d'attendre, bien sûr, une médecine de haute qualité, et parfois la route devait sembler bien longue au malade avant de retrouver la terre, mais souvent ces robustes marins étaient remis sur pied avant le port. En vue d'établir un rapport à l'établissement des invalides de la marine, les maladies et accidents étaient notés avec soin par le capitaine. Souvent, un rapport circonstancié décrit, de façon minutieuse, les symptômes de la maladie, le traitement administré par le capitaine et son évolution. On ne peut être que rempli d'admiration devant ces descriptions très claires, notées de façon concise, souvent dans une belle écriture du début de siècle. Difficile de résister à rapporter cette déclaration de maladie : "*Je soussigné, Van der Kemp Raoul, Lieutenant à bord du Quevilly, certifie que le quinze du mois de juillet, le sieur B., matelot à bord est venu se plaindre au capitaine de maladie dans les organes génitaux et qu'il avait les testicules fortement enflés, ainsi que toute la partie inférieure de l'abdomen, la verge était nouée par la gaine de peau qui l'entoure et cette dernière formait une grosse poche de liquide ; il y avait en plus, plusieurs plaies suppurantes sur le corps de la verge, enfin de toutes les parties suppuraient continuellement un liquide de consistance aqueuse. B. fut immédiatement soigné et mis exempt de service. C'est foi de quoi, j'ai signé la présente déclaration dont j'ai en outre établi un double. Fait à bord, le 16 juillet 1906. R. Van der Kemp*".
Il s'avéra en fait que le malheureux B. avait contracté une blennorragie, probablement avec une fille à marins de Philadelphie ou d'ailleurs. Les retours de bordée pouvaient être redoutables pour ces marins ! Cependant, ici, ce qui frappe c'est l'exceptionnelle minutie de cette description et on imagine avec le sourire, ce jeune lieutenant se penchant avec attention sur le corps du délit.
Non seulement, les officiers soignaient les malades, mais ils secouraient aussi les

blessés. Le meilleur des remèdes consistait à exempter le blessé soit de tout son service, soit simplement du maniement des voiles hautes. Mais il faut le reconnaître, ces hommes n'acceptaient pas l'inaction et, le plus souvent, même mal en point, ils demandaient à reprendre du service, les tire-au-flanc ne choisissaient pas ce métier. Les blessures sont multiples à cause des chutes nombreuses dues aux grands coups de roulis ; combien d'hommes se sont ainsi ouverts l'arcade sourcilière, cassés une jambe ou brisés un bras. Les chutes se produisaient aussi parfois des basses vergues, et c'était alors beaucoup plus grave. Mais combien de filins mal placés, de pitons traîtreusement dissimulés par la nuit ont handicapé, parfois gravement, ces hommes. On a même vu, à bord du *Quevilly*, le cuisinier se renverser son baquet d'huile bouillante sur les cuisses. Le pauvre homme, dans son malheur, eut la chance que le bateau soit à ce moment-là en rade du Havre, il put être ainsi débarqué immédiatement. D'autres avaient moins de chance et devaient attendre parfois de longs jours avant qu'on puisse les laisser à l'hôpital. La lecture des rapports de mer du *Quevilly* s'avère être un véritable inventaire à la Prévert des souffrances humaines. Le capitaine Loisel rapporte ici la blessure du jeune lieutenant Sénécal : "*Je soussigné, capitaine au long-cours, certifie que les nommés Ladonne, second, et Cousin, lieutenant, m'ont fait la déclaration suivante : le 22 juillet 1899 à 7 h 30 du soir pendant un virement de bord, vent devant par jolie brise, le nommé Sénécal (élève de la marine marchande) inscrit à Paris 5 bis 633 n° 1261, né le 5 décembre 1876 à Paris, lieutenant à bord, a eu l'avant-bras droit engagé dans le bras de perroquet volant au cul de la partie inférieure du palan de ce bras. Après avoir largué l'écoute de la grand voile avant, ce jeune s'était rendu au pied du grand mât arrière, son poste pour larguer les petits bras. Ayant alors dit au second que la poulie inférieure au bras des cacatoes était tombée sur le pont et que ce bras risquait de s'engager dans le virement de bord, le second lui répondit de la faire paver, chose qui se fait assez souvent. Pendant ce temps, le second étalait sur le grand bras avant et sur les bras de hune, pour être paré à les filer au commandement de "changer derrière", le second tournait donc le dos au mât et ne pouvait voir ce que faisait le lieutenant. Ce jeune homme au lieu de prendre les garants (nom donné à un cordage employé à agir au moyen de palans) au bras du cacatoès pour faire parer la poulie s'est sans doute agenouillé et a dû prendre la poulie à pleine main et a eu probablement l'imprudence en faisant cela de passer son avant-bras droit dans le double du garant du palan de bras de perroquet volant, chose incompréhensible de la part de quelqu'un dont le poste de manoeuvre était en cet endroit depuis longtemps. Le lieutenant ne prévint pas le second afin que ce dernier ne larguât point les bras de l'arrière au commandant. Le second qui dans ce moment était dans l'impossibilité de voir le Lieutenant ne pouvait prévoir sa position au commandement de "changer derrière". Tous les bras furent naturellement largués. Aux cris de monsieur Sénécal, le grand bras fut tourné sitôt qu'il pût être attrapé. Les hommes qui étaient accourus coupèrent aussitôt les bras du cacatoès et perroquets volants pour le dégager. Monsieur Sénécal fut trouvé à genoux, le bras droit souqué (comprimé par le cordage) par le garant au cul de la poulie inférieure, au bras du perroquet volant. Dans la précipitation qu'on mit à le dégager, on ne s'est point exactement rendu compte de la façon dont son bras était pris : s'il était pris simplement par le double, ou bien s'il avait un tour mort dessus. Ce que l'on peut affirmer, c'est que les bras de perroquet étaient lovés clairs et étaient dépassés des poulies de retour. Les bras filaient donc par la poulie supérieure et pour suite étaient forcés de filer clair et sans cognes dans la poulie inférieure. La cause de l'accident ne saurait donc provenir que d'un mauvais lovage des bras des perroquets. Monsieur Sénécal, sitôt dégagé, fut pris et porté dans sa chambrée. Il avait l'avant-bras droit cassé un peu au-dessous du poignet et sa main était déjetée jusqu'à angle droit avec son bras. La partie qui avait porté sur la poulie était entièrement étranglée et réduite à une très petite dimension. Nous lui avons donné à bord tous les soins qu'il était possible de lui donner sans pouvoir toutefois réduire la cassure, l'accident étant trop grave pour qu'on pût y toucher. Le 24 juillet, nous sommes arrivés à Breakwater, l'état de la mer était tel qu'il nous a été impossible de débarquer monsieur Sénécal, le seul moyen que nous ayons de lui porter secours. Un médecin de terre ne pouvant venir à bord tant que le bâtiment ne serait pas admis à la libre pratique ; et que les médecins de santé ne venant point tant que nous n'aurions pas franchi leur limite. Le lendemain, le médecin de santé de Ready visita le bras de monsieur Sénécal et ordonna de le tenir humecté d'eau chaude. Ce à quoi on se conforma immédiatement. Il fut télégraphié à Philadelphie d'envoyer un médecin à bord sitôt notre arrivée afin de pouvoir décider ce qu'il pouvait y avoir à faire. A notre arrivée à Marcus-Hook, le médecin de la santé de ce lieu est aussitôt venu à bord avec son vapeur. Il a pansé le bras de monsieur Sénécal et lui a disposé le bras sur une planche afin de pouvoir le débarquer. Monsieur Sénécal partit aussitôt avec le médecin avant même que le bâtiment ne fut fini d'amarrer. Une voiture attendait le docteur et le malade pour l'envoyer immédiatement à la gare afin de le faire recevoir à l'hôpital de Philadelphie, ce qui fut fait. Capitaine Loisel. Bord le Havre sur rade. Le 28 août 1899".*

Le pauvre lieutenant venait donc de pêcher par imprudence et l'inexpérience de la jeunesse lui avait peut-être coûté son bras. C'est à cette dure école que ces jeunes lieutenants d'à peine 20 ans apprenaient la mer, parfois à leurs dépens. Et s'ils persévéraient c'était à leur tour, plus tard, quand ils devenaient capitaines, de rédiger de tels rapports. La précision de la description de cet accident montre combien ces capitaines savaient manier le français. Chaque terme semble bien pesé, le déroulement de la description de l'accident ne laisse rien au hasard et l'imparfait du subjonctif est même, quelquefois, mis à contribution !

Ci-dessus et ci-contre : le capitaine Lagnel, en vareuse, pose sur le pont où l'on distingue le nom du Quevilly sur les bouées.

Ces hommes souvent cultivés devaient ainsi rendre compte le plus exactement possible de toutes les péripéties du bord, car l'armement n'était pas près de prendre en charge des fautes trop volontaires de la part des marins. L'engagement stipulait bien qu'en cas de maladie ou d'accident, les hommes d'équipage touchaient leur gage pendant quatre mois, mais après, ils ne recevaient plus d'aide, sinon de la caisse des invalides de mer.

Au début du siècle, en France, l'espérance de vie à la naissance n'atteignait pas les 45 ans. On peut penser que les marins avaient une espérance de vie bien inférieure à celle de leur classe d'âge. Les plaies, les bosses, l'alcool, les naufrages faisaient des ravages parmi les matelots. Cette vie exténuante et quasi inhumaine usait les hommes prématurément. Les décès à bord n'étaient pas exceptionnels sur de nombreux bateaux. Le *Quevilly*, de ce point de vue, fut assez privilégié, probablement grâce à l'excellente gestion du bateau, sûrement aussi grâce à la relative brièveté des traversées. Parmi les embarquements faits à Rouen, seuls quatre décès sont à constater, ce qui est particulièrement peu, comparé aux autres voiliers de son époque. Le premier mort du *Quevilly* fut à déplorer dans les tous premiers voyages, en 1899. Un matelot nommé Illiaquer tomba sans un cri des barres de perroquet, c'est-à-dire de très haut, au moment où il serrait la voile d'étai de cacatois. Il se brisa la colonne vertébrale et mourut 4 heures après sa chute. Le plus étonnant, c'est que l'accident eut lieu en Seine, en face de Villequier, c'est-à-dire au moment où le voyage était pratiquement à son terme. La vigilance devait se relâcher dès l'entrée en rade du Havre, le phénomène est bien connu des alpinistes au moment de la descente de courses difficiles.

Paradoxalement, c'est à nouveau au port que l'équipage connut son deuxième décès. Le capitaine Cousin, qui avait été témoin de la chute du matelot Illiaquer, remplit le procès-verbal de disparition du maître d'hôtel Fern, 6 ans plus tard. La déclaration du capitaine mentionne les circonstances de l'accident : "*Le 23 août 1905, le navire se trouvant amarré au wharf de chargement de Marcus-Hook, Fern voulut prendre un bain dans la rivière en compagnie de trois autres matelots du bord. Il nageait depuis quelques instants quand subitement il s'arrêta dans ses mouvements, poussa quelques cris et avant même d'avoir pu se porter à ses secours, a coulé à pic. Malgré toutes les recherches immédiates, on n'a pu retrouver le corps*".
Le rapport de mer précise que Fern avait dû décéder de congestion, ayant mangé peu de temps auparavant. Ainsi donc, cet homme dont le métier consistait à braver les tempêtes, trouvait sa fin dans une rivière, au cours d'une aimable baignade, victime de ce que l'on appelle aujourd'hui une hydrocution ! On imagine le trouble, sinon la consternation qui régnait sur le bateau après ce genre d'événement.
Seuls deux décès peuvent être constatés en mer, celui du chauffeur Troadec et du matelot Herry, tombé d'un mât en 1911. Ce 20 mars 1914, le *Quevilly* essuyait une effroyable tempête d'équinoxe et le voilier commençait à souffrir, embarquant de l'eau dans le faux pont. Le chauffeur Troadec descendit dans l'écoutille donnant accès au faux pont. Il fallait absolument mettre en marche les pompes à vapeur d'épuisement d'eau pour assécher le faux pont. De plus, ces pompes avaient du mal à partir et le chauffeur devait donc les réparer pour les mettre en route. Hélas, au moment même où il pénétrait dans l'écoutille, un énorme paquet de mer embarqua par tribord et remplit

le coffre. C'est ainsi qu'il fut projeté à la mer. Le navire ne pouvait même pas envisager d'essayer de le secourir, l'état de la mer ne le permettant pas. De toute façon, Troadec, assommé par la vague monstrueuse, avait dû couler à pic. Les filières ou des lignes de vie empêchaient en principe ce genre d'accident, mais quand la mer se déchaînait, le pont devenait un lieu de danger mortel pour les marins. On sait que certains bateaux ont payé bien plus chèrement leur tribut à la mer. Ainsi, *le président Félix Faure* du Havre, dont on a déjà parlé, sur lequel des marins du *Quevilly* ont navigué, vit un jour la totalité de sa bordée jetée à la mer sous l'effet d'une énorme vague. L'autre moitié de l'équipage du voilier havrais dut ramener le bateau dans des conditions inhumaines. De même, quatre hommes de l'*Emilie Siegfried* du Havre furent enlevés par la mer au milieu de l'Atlantique, en 1910. Les histoires d'hommes jetés à la mer sont nombreuses, surtout quand ils étaient occupés à carguer les voiles dans la mâture. On a même vu, dit-on, des hommes emportés par une vague et ramenés par la vague d'après à bord du bateau, mais ce genre de miracle devait être rarissime. Une fois la disparition du marin constatée, il ne restait plus qu'à dresser le procès-verbal du décès puis de serrer les quelques reliques du disparu pour les rendre à sa famille. L'inventaire des quelques biens du chauffeur Troadec est assez représentatif de ce que pouvait posséder un marin à bord : "*Effets remis à la famille du chauffeur Troadec enlevé par la mer : un coffre en bois, un complet drap bon état (pantalon, gilet, paletot), un jersey neuf, un jersey usagé bon état, six pantalons de coton bleu usagés, un veston coton bleu état neuf, un caleçon de laine neuf, deux caleçons usagés, trois chemises usagées, une chemise blanche avec faux col dans une serviette, une casquette en bon état (parking), une casquette drap bleu en bon état, cinq paires de chaussettes laine, cinq chaussettes coton, une paire de pantoufles, dix mouchoirs de poche, une nappe, un caleçon de bain, trois serviettes usagées, cinq cravates, un sac de toile, un cache-nez gris usagé, un étui à matelas, deux oreillers en plume, une couverture verte usagée, une paire de sabots usagée, une paire de souliers usagée, une paire de souliers état neuf, une paire de bretelles, un turban noir, un vieux paletot, une brosse à effets, deux glaces, un rasoir dans sa boîte, un cuir à raser, un blaireau, une paire de ciseaux, une boîte contenant menus objets (papiers à lettres, deux cadenas, un marteau, cinq livres, un journal, un crochet de bottine, fil à coudre et aiguilles), une montre en argent avec sa chaîne, une lampe technique de poche, quatre assiettes décorées avec leur support, un gilet de provisions, un tableau peint, quatre morceaux de savon, un porte-monnaie contenant quatre francs vingt centimes en argent, un franc vingt centimes en argent ainsi que des talons de mandats, une enveloppe contenant les papiers écrits, quinze lettres, quatre cartes postales, cinq certificats, un (montre ?) carte, deux avis de paiement d'un mandat de deux cents francs et talons de mandat*".
Même si on peut considérer que ses biens étaient légèrement supérieurs à ce qu'emmenait un matelot, car il avait plus de place dans sa cabine que dans celle d'un simple marin, on voit bien que ce n'est pas la richesse qui poussait ces hommes à ce genre de métier. Notons ici la présence des quatre morceaux de savon : à cette époque, les hommes ne s'étaient pas encore engouffrés dans la société de consommation et rien ne se perdait. Ramener quatre bouts de savon à la famille parle plus que n'importe quel témoignage ; ces hommes étaient pauvres et le restaient irrémédiablement.

Les capitaines

A la tête de toute cette organisation pyramidale, le "grand mât", c'est-à-dire le commandant du bord, prenait toutes les décisions ayant trait à la destinée du grand voilier. Le moins que l'on puisse dire, c'est que ce n'était pas un métier facile. Pour tenir ce rôle essentiel, il fallait tout à la fois avoir des qualités d'homme d'action et d'homme de réflexion. La charge de stress qui pesait sur les épaules de ces hommes exceptionnels semble tout à fait hors de portée d'un simple mortel. D'ailleurs, certains parmi les moins forts succombaient sous cette responsabilité écrasante. Ainsi, *la Dépêche de Rouen* relate, en février 1897, le suicide du capitaine Runnymede de Nantes, d'un coup de carabine de chasse à son arrivée à Dieppedalle. Par ailleurs, à la même époque, on assista au terrible suicide du capitaine Kant qui, en vue du port anglais où il se rendait, se jeta par dessus bord de son *dundee Agricola*. Bien sûr, les raisons de ce geste fatal sont toujours complexes, mais on peut supposer que le surmenage auquel étaient confrontés ces hommes devait y être pour beaucoup.
Les suicides en pleine mer, par contre, font figure d'exception. Le sens du devoir, ou la terrible tension à laquelle ils étaient soumis retardaient souvent leur geste ultime jusqu'au port. Pourtant, en 1901, le commandant Lamusse du *Ville de Rouen* se suicida

Les officiers sont à table, sur le château arrière, à Marcus-Hook en 1906. On reconnaît le capitaine Cousin (troisième en partant de la gauche), second à l'époque, et le capitaine Lagnel (tout au fond assis). Debout, devant la barre, on distingue le correspondant américain du *Quevilly*, monsieur Hucker.

en pleine mer, son second eut le temps de le signaler à un vapeur de passage, en ajoutant qu'il tentait de faire rallier Montevideo au *Ville de Rouen* pour attendre un nouveau commandement. Las, la disparition du capitaine lui fut fatale, car il s'échoua au cours de ce même voyage sur la côte australienne. Comme on peut le constater, la perte du capitaine pouvait parfois entraîner celle du bateau. Si le *Quevilly* survécut à tous les dangers, c'est certainement grâce à un commandement tout à fait exceptionnel.

Les capitaines effectuaient des études secondaires puis étudiaient à l'école de la marine marchande. Là, ils passaient de difficiles épreuves théoriques, à tel point que *le Yacht* déplore, à la fin du siècle dernier, le peu de nominations au titre de capitaine au long cours, 35 par an seulement en moyenne à cette époque-là.

A ces épreuves théoriques, il fallait ajouter un certain nombre d'années de mer en tant que pilotin, puis lieutenant et enfin second. C'est, en principe, à 25 ans que l'on pouvait avoir accès au titre de capitaine, mais, à l'extrême fin de la marine à voiles, les difficultés de recrutement sont telles que l'on finit par prendre des hommes de plus en plus jeunes. Les capitaines aimaient faire toute leur carrière chez un unique armateur. La maison Bordes de Dunkerque est restée célèbre pour avoir employé des capitaines "maison". Un rapport de connivence, souvent de sympathie existait ainsi entre les armateurs et les commandants. La maison Prentout imita la façon de faire des armateurs dunkerquois, c'est ainsi que l'on peut constater que les officiers du *Quevilly* trouvèrent la maison bonne, tout comme l'armement Prentout trouva ses commandants valeureux. Il est manifeste, à la lecture des matricules des capitaines du *Quevilly*, que pratiquement tous firent leur carrière soit à bord du voilier, à différents titres, soit sur d'autres voiliers de la maison Prentout. Plus que tout commentaire, il suffit de citer les propos du lieutenant Augé, futur capitaine de l'*Anne de Bretagne*, rapportés par Randier dans son livre "*Hommes et navires du Cap Horn*", après avoir navigué jusqu'à Melbourne avec un capitaine incapable et quelque peu incommode : "*J'allai à Rouen voir les armateurs qui me présentaient au capitaine Ladonne, un merveilleux marin et un gentleman. Je restai trois ans et demi avec lui sur le Biessard et il en est résulté entre nous une splendide amitié qui est encore toute chaude dans mon esprit*". On ne peut pas faire plus bel hommage à celui qui conduisit la destinée du *Quevilly* en 1907 ! Ces capitaines aux longs cours se connaissaient tous et souvent s'estimaient. Les rapports avec les armateurs dépassaient largement le cadre d'une simple relation de travail. Il faut comprendre que pour les armateurs, les capitaines restaient les garants de la bonne marche du bateau et une estime réciproque marquait leurs relations.

Voici, par exemple, comment monsieur Heuzey rendit hommage au capitaine Ladonne, le jour où celui-ci revint à Rouen après avoir sauvé l'*Everet-Webster*, alors qu'il quittait le commandement du *Quevilly* pour un autre bateau de l'armement : "*Capitaine, nous sommes heureux de nous rappeler aujourd'hui que vous êtes entré dans notre maison en mai 1899, comme second du Quevilly, en attendant le commandement de notre trois-mâts Biessard, que vous avez gardé du 12 septembre 1900 jusqu'en août 1905 pour prendre enfin, un mois plus tard, le Quevilly. Pendant tout ce temps, nous avons été fiers de vous citer toujours comme modèle des capitaines, non pas seulement parce que vous êtes l'excellent et très distingué marin que tout le monde connaît, ayant toujours dans les circonstances les plus difficiles été à la hauteur de votre tâche, mais encore et surtout parce que, en dehors de ces qualités vous avez compris votre tâche d'une façon plus noble et haute. Le rôle d'un commandant n'est pas aussi, dans les opérations au long cours surtout, de véritables qualités d'administrateur et de commerçant qu'un capitaine doit posséder. C'est*

dans ses rapports avec les affréteurs, avec les réceptionnaires, c'est dans la façon dont il sait se débrouiller à terre, qu'il peut gagner du temps, économiser des frais, et tâche plus belle et plus digne encore, montrer à l'étranger que non seulement nos navires français sont aussi beaux et solides que les meilleurs navires étrangers, mais encore que nos capitaines peuvent également soutenir la comparaison avec les meilleurs capitaines des autres nations. Ces qualités, trop rares malheureusement, vous les possédez au plus haut point. Vous savez aussi étudier, voir, rapporter tout ce qu'il peut y avoir d'intéressant à connaître dans un pays. Vos rapports sont de véritables documents pouvant servir à l'histoire de la marine marchande et du commerce maritime et nous les conservons précieusement.
Monsieur le capitaine de frégate chef de la section de météorologie nautique, dans sa lettre à nous adressée le 10 avril dernier, nous informe qu'il vous propose pour l'un des prix offerts chaque année par monsieur le ministre de la Marine, aux officiers qui se sont distingués dans la rédaction et la bonne tenue de leurs cahiers d'observations météorologiques et nautiques. En dehors de vos qualités de marin et d'administrateur que nous rappelions tout à l'heure, il est donc aussi des fonctions plus délicates peut-être, plus scientifiques, plus spéciales que vous savez remplir aussi bien et qui vous font briller, là encore, au premier rang. Enfin, pour couronner en quelque sorte votre belle carrière à bord du Quevilly, vous avez eu la bonne fortune de rencontrer sur votre route sept braves marins, le capitaine et l'équipage du shooner américain Everet-Welbster de Philadelphie".
Ici, monsieur Heuzey relate l'épisode du sauvetage que nous avons vu plus haut. Il conclut alors comme suit : "*Vous ne quitterez peut-être pas sans regret votre beau navire, qui a porté si heureusement pendant 10 années notre pavillon et effectué 46 voyages sans aucune avarie avec presque la régularité d'un vapeur, mais mérite oblige et vous allez prendre*

Le capitaine Cousin navigua longtemps sur le Quevilly à divers titres. Il finit sa carrière en tant que pilote et reçut la légion d'honneur pour les sauvetages qu'il effectua. Bien que vivant à Cherbourg, il se rendait souvent à Rouen où il avait de la famille. Il s'éteignit à l'âge de 82 ans après une carrière bien remplie.

maintenant un grand steamer de 6 000 tx. C'est un commandement qui nous revient de droit mais c'est aussi celui que nous vous aurions donné quand même parce que nous savons que vous avez à coeur de vouloir prouver avec nous que l'on peut faire en France d'aussi bonnes et d'aussi pratiques navigations qu'à l'étranger.
Il est certes temps, encore de lutter pour reconquérir la place que nous avons perdue par notre faute, dans le commerce du monde, mais pour y parvenir, il faut éprouver, comme vous, ce sentiment qu'un navire porte un peu de la patrie dans les plis de son pavillon".
On voit bien, ici, toutes les qualités qui pouvaient être exigées d'un bon capitaine, et quand monsieur Lacoste, au nom des assureurs maritimes, lui dit "*vous êtes un exemple frappant de ce que l'on peut obtenir avec des hommes qui savent accomplir leur devoir jusqu'à ses extrêmes limites*", il ne savait pas si bien dire. Ce digne capitaine, inscrit à Bordeaux, mais Rouennais de coeur (son beau-frère était conseiller général à Rouen), perdit la vie en quittant le *Quevilly*. La même année, il prit le commandement du *Tieberghien*, un pétrolier à vapeur de plus grand tonnage encore que le *Quevilly*. Hélas, le bateau fit naufrage cette année-là et celui qu'on surnommait le gentleman de l'Atlantique perdit la vie avec son bateau.
On peut dire que, si à bord du *Quevilly*, le commandement fut toujours heureux, curieusement on constate que de nombreux officiers et capitaines du voilier perdirent la vie en mer, par la suite. Le drame le plus affreux eut pour acteur malheureux un second du *Quevilly*, le capitaine Guerpin. Cet homme, originaire de Varneville-Bretteville, était né en 1876. Le jeune homme passa, à 25 ans tout juste, son brevet de capitaine au long cours, en 1901. Il embarqua ensuite sur le *Biessard*, tout juste sorti des cales de Grand-Quevilly, et prit le commandement du *Quevilly* le 21 juillet 1902, pour un mois seulement. Là, il passa en tant que capitaine sur le *Ville de Dieppe*. Enfin, il prit en main la triste destinée du *Hautot*, en 1905, et c'est ici que sa carrière prometteuse fut brisée. Comme il venait juste de se marier, le jeune Guerpin insista alors auprès de monsieur Prentout pour emmener sa femme à bord au cours d'un voyage en Nouvelle-Calédonie. L'armateur fit tout pour l'en dissuader, mais il était difficile de lui refuser l'autorisation de ce voyage de noces. L'*Hautot* disparut corps et biens, ne laissant aucune trace, en 1907. Longtemps, on espéra à Rouen, on crut même l'*Hautot* retrouvé près des côtes anglaises, mais c'était une fausse nouvelle, les Anglais l'avaient confondu avec son *sister-ship*, le *Biessard* ! Une messe anniversaire fut célébrée à l'église de la Madeleine et le jugement du décès intervint en 1909. Guerpin n'avait que 29 ans, sa femme encore moins. C'est souvent ainsi que disparaissaient ces hommes de la mer !
Des capitaines, à cette époque, renouaient donc avec une vieille tradition quand ils emmenaient leur femme à bord, mais il faut reconnaître que ce n'était pas toujours du goût des armateurs. Ainsi, le commandant Rault, dont on a déjà eu l'occasion de parler, avait l'habitude de partir avec sa femme. Cette présence féminine était souvent très appréciée par l'ensemble de l'équipage et les rapports de ces hommes, pratiquement tous célibataires, étaient souvent emprunts d'une certaine gaucherie mais du plus grand respect à l'égard de ces femmes courageuses. Souvent, pour les marins, la présence de la femme du capitaine était signe de chance et pour ces hommes superstitieux, un gage de bon vent pour le bateau. En outre, ces femmes donnaient une note gaie, quasi-familiale au salon du bateau par leur seule présence ou par le soin qu'elles attachaient à la décoration de la salle. Le même Rault vécut un drame atroce quelques années auparavant à bord de l'*Olivier de Clisson*, dont il était le commandant. En effet, en pleine tempête, sa première femme mourut en couches à bord du trois-

mâts ! On imagine la désolation qui régna parmi l'équipage ce jour-là et la tristesse du commandant Rault qui devait, tels les artistes, continuer de conduire son bateau dans la tempête, malgré les terribles circonstances.
Le stress ressenti par ces hommes exceptionnels était accentué par l'idée de, non seulement sauver leur équipage, mais aussi de sauvegarder le bateau et la précieuse cargaison (qui, à elle seule, valait parfois le prix du voilier). L'obsession du naufrage planait sur la carrière d'un capitaine et il n'était pas bien considéré, pour un commandant, d'avoir vu couler un ou même plusieurs de ses bateaux. En cas de naufrage, une enquête était immédiatement diligentée par les affaires maritimes, pour bien mesurer les responsabilités du capitaine.
Un questionnaire était alors systématiquement remis aux survivants. Plusieurs questions portaient sur le comportement du capitaine. "*Le capitaine a-t-il quitté le bord le dernier ? Sa conduite dans le naufrage ? Sa conduite habituelle ? Sa capacité comme marin ? A-t-il déjà perdu d'autres navires ? Quelles peines disciplinaires lui ont été infligées ?* " On le voit, rien n'était laissé au hasard. Mais il faut reconnaître que, le plus souvent, les équipages disculpaient leur capitaine. Parfois on pouvait assister à de petites vengeances, particulièrement sur la question portant sur son comportement habituel. Il arrivait que des marins se plaignent à cette occasion de la sévérité, ou même de la brutalité de leur capitaine. Mais, sur le *Quevilly*, rien de tel. Des capitaines perdirent leur navire par la suite, mais ils furent toujours totalement disculpés.
Ainsi, le capitaine Loisel qui fit une très longue carrière à bord du voilier. Nommé capitaine au long cours en 1887, à l'âge de 26 ans, il embarqua sur le *Quevilly* en tant que second capitaine, le 3 octobre 1897, sous les ordres de Chotard et après avoir assumé toutes sortes de fonctions sur une quarantaine de bateaux différents. Il prit le commandement effectif du *Quevilly* en 1900 pour le quitter en 1902. Par la suite, il subit la perte de sa goélette *Louise Anna*, qu'il abandonna en 1906. A la suite d'un rapport favorable de la commission d'enquête, sa faculté de commander lui fut maintenue, trois mois après son naufrage. L'année d'après, il prit le commandement du trois-mâts *Guéthary* qui, à nouveau, fit naufrage et s'échoua le 21 février 1909. Soutenu par l'ensemble de l'équipage, ce qui prouve que le commandant Loisel était apprécié, il fut à nouveau complètement disculpé et son brevet de capitaine lui fut rendu. Si on en juge par son écriture, lisible sur les rapports de mer, ce devait être un homme très cultivé. Son style, autant que sa calligraphie, peuvent susciter l'admiration. Curieusement, il n'occupait que le poste de second sur son dernier embarquement. Il prit alors sa retraite, en 1911. Il avait commencé sa carrière à 16 ans en tant que mousse et c'est donc à 50 ans qu'il décida de prendre une retraite bien méritée.
De même, le capitaine Rault fut traduit devant le tribunal spécial de Saint-Servan pour le naufrage du trois-mâts *Olivier de Clisson* qui coula sous son commandement en 1905. Il fut acquitté sans difficulté, mais la malchance le poursuivit car, juste après, ayant pris le commandement du *Biessard*, il connut encore un échouement. A nouveau, la commission supérieure des naufrages le dégagea de toutes responsabilités et le maintint dans la faculté de commander. Il faut croire que l'armateur Prentout lui faisait pleine confiance car, peu de temps après, en 1908, il se vit confier la destinée du *Dieppedalle*, avant de commander le *Quevilly* en 1911. A partir de ce moment-là, il n'eut plus jamais d'ennuis et son arrivée sur le *Quevilly* correspondit à une période heureuse pour lui. Il eut trois enfants, dont deux jumelles, avec sa nouvelle femme et il reçut une lettre de félicitations du ministre de la Marine en 1920 pour l'extrême propreté dans laquelle il entretenait le *Quevilly*. Pendant les dix ans qui suivirent c'est

lui qui dirigea le voilier, jusqu'à son dernier voyage en 1921 ! C'est à lui que revint le redoutable honneur de conduire le *Quevilly* pendant la Première Guerre mondiale. La mort dans l'âme, il dut se résoudre à pratiquer le cabotage à Marseille, n'ayant pu trouver des hommes pour le seconder sur le *Quevilly* en 1921. Il quitta donc son beau bateau et navigua jusqu'en 1926. Il décéda l'année suivante, d'un cancer semble-t-il. Il venait juste de recevoir la légion d'Honneur.

Le capitaine Dieulangard, quant à lui, commença sa carrière d'officier en tant que second du trois-mâts *Souverain*, en 1892. C'est en 1898 qu'il embarqua sur le *Quevilly* comme second capitaine, pour en prendre le commandement en 1899. Il y resta peu, puisqu'il le quitta la même année. A deux reprises, par la suite, il fut jugé et acquitté pour l'échouement de l'*Ernest Reyer* et de la goélette *Marie Pauline*. Le capitaine François Helary, qui servit sous ses ordres sur l'*Ernest Reyer* en 1908, rapporte dans ces états de service qu'il confia à l'association des anciens cap-horniers que : "*Le capitaine Dieulangard était un as à tout point de vue*".

De même, Chotard, le premier commandant du *Quevilly*, vécut une grosse peur quand, assailli par une terrible tempête au Cap Horn alors qu'il commandait le *Marie Molinos*, il vît tout à coup un mât se briser net. Cela ne l'empêcha pas de ramener son bateau à terre.

Enfin, parmi les valeureux capitaines, il faut bien-sûr mentionner Henri Cousin de Cherbourg. Si on en juge ses rapports de mer, lui aussi devait être un homme tout à fait remarquable. A 26 ans, en 1899, il embarqua sur le *Quevilly* comme lieutenant, puis, après un passage sur le *Dieppedalle*, il sut se faire apprécier des armateurs rouennais et revint en tant que second capitaine sur le quatre-mâts, en 1901. Un commandement remarqué sur le *Ville de Dieppe* lui permit, le 1er avril 1902, d'accéder au poste de commandant du *Quevilly* pour quatre années consécutives. Ce n'est qu'en 1906 qu'il le quitta pour envisager une seconde carrière comme pilote. Il faut dire que le long cours pouvait user les hommes. C'est donc en tant que simple matelot qu'il

Le capitaine Lagnel pose près de la cabine de veille.

embarqua sur le *sloop Galathée* pour apprendre le métier de pilote ! Curieusement, il ne resta qu'aspirant pilote à Cherbourg pendant de longues années et ce n'est que le 6 avril 1918 qu'une dépêche ministérielle le nomme pilote. Il avait accompli une action d'éclat en octobre 1916, qui lui valu une lettre de félicitations pour "*avoir retourné auprès du Mommouth malgré le danger et réveillé son équipage*". On n'en sait pas plus, mais apparemment le sauveur de l'*Ira Bliss* n'avait pas perdu la main. Le jeune lieutenant du *Quevilly*, devenu vieux, exerça son métier de pilote jusqu'en 1941 et c'est à l'âge de 82 ans, en 1958, qu'il décéda.
Parmi l'état-major du *Quevilly*, on peut compter aussi de nombreux capitaines au long cours qui exercèrent la fonction du 2e capitaine à bord du grand voilier avant de prendre d'autres commandements de bateaux de la maison Prentout. Ainsi, parmi eux, Henri R., inscrit au Havre, exerça la fonction de second en 1908-09 sur le *Quevilly*. Il partit ensuite commander le *Biessard*, mais il se vit infliger, en 1912, une condamnation libellé comme suit : "*observations sévères adressées par le ministre pour avoir fait preuve d'un déplorable manque de sang-froid et d'une absence coupable d'autorité personnelle dans l'affaire du Ville de Rouen*". Il s'agit ici du vapeur et non du voilier *Ville de Rouen*. Mis au banc de la maison Prentout pour cette affaire, le pauvre Henri R. se vit blâmer une fois de plus en 1915, par le ministère, à la suite de l'échouement du vapeur *Lyndiane*. Le pauvre homme reprit du service quand même et décéda en mer sur le vapeur *Argonne*, en 1924. A part lui, tous les gradés du *Quevilly* n'obtinrent que bonnes notes et félicitations diverses, soit qu'ils avaient sauvé un autre navire, soit que l'exceptionnel bonne tenue du bateau avait été remarquée par le secrétaire d'Etat à la Marine.
Ce n'était pas toujours le cas à bord des autres navires, loin de là. La liste des condamnations des capitaines est, en effet, bien longue, comme le capitaine T. du

Le capitaine Lagnel devant le roof.

Le plus grand voilier du monde fut construit par Prentout-Leblond en 1911 à Bordeaux. Le *France II* est une sorte d'achèvement technique du *Quevilly*. C'est au capitaine Lagnel que Prentout confia le premier commandement du cinq-mâts.

Le *Quevilly* est visible au centre. C'est le plus souvent au Havre que le carénage du voilier était effectué.

Le *Quevilly* laissa plusieurs clichés de son passage à Duclair et Caudebec.

Dieppe fut souvent le point d'arrivée du *Quevilly* qui allait alors décharger son pétrole aux établissements Robbe. Ces photographies se situent dans les premières années du voilier. Le pont tournant, construit en 1900, laissait le passage au bateau vers l'arrière port.

Havre, condamné à 6 jours de prison ferme pour abus de pouvoir sur l'*Intrépide Corse*. Ou alors, on voit Eugène G., capitaine de l'*Elisabeth*, recevoir de la part du ministre "*une sévère observation pour avoir manqué aux devoirs les plus élémentaires de l'humanité à l'égard d'un matelot du trois-mâts Elisabeth, alors qu'il commandait*". Au hasard des condamnations des capitaines, on peut voir aussi Edouard G. du Havre "*suspendu du commandement par décision du ministre pendant 6 mois, pour ne pas avoir embarqué une provision suffisante d'aliments végétaux frais, à bord du Tarapaca, négligence ayant occasionné une épidémie de béribéri entraînant trois décès*". Autre cas curieux, on voit un capitaine condamné à 15 jours de prison avec sursis pour contrebande à New York ou même un autre, second du *Président Félix Faure* condamné à 6 jours pour vagabondage ! N'allons pas croire, de là, que tous les capitaines se conduisaient mal, mais comme tous les hommes ils étaient sujets parfois à des manquements plus ou moins graves. Curieux destins de ces hommes d'ailleurs, on en voit s'établir agriculteur dans le pays de Caux ! ou même partir s'exiler dans des îles tropicales, bien au chaud sur la terre ferme !
Mais les commandants du *Quevilly* aimaient vraiment la mer, car tous allèrent au bout de leur carrière sur mer. Le cas du capitaine Joseph Savary du Havre semble être un peu exceptionnel. Cet homme, né en 1847 au Havre, avait commandé toutes sortes de vapeurs au cours de sa longue carrière de 1882 à 1903. Puis il devint maître du port du Havre en 1904. C'est seulement le 17 juillet 1917 qu'il devint second sur le *Quevilly* à 70 ans! Le vieil homme n'était jamais monté sur un voilier, mais devant la crise de recrutement des commandants en temps de guerre, il n'hésita pas à assumer cette fonction au soir de sa vie ! Il embarqua à La Rochelle sous les ordres du capitaine Rault, de 32 ans son cadet, et débarqua ensuite à La Pallice. Il mourut quelques années plus tard, en 1928, à 81 ans, alors qu'il avait tout connu. Il avait même commencé sa carrière bien longtemps avant comme mousse pendant plus de quatre ans !
Pour terminer l'histoire des commandants du *Quevilly*, on ne peut pas passer sous silence la splendide carrière du capitaine Lagnel de Rouen. Nommé maître au cabotage en 1902, puis capitaine au long cours en 1903, il commença sa carrière dans l'armement Prentout en tant que simple matelot sur les vapeurs *Alice Depeaux* et *Frédéric Franck*, puis il devint premier lieutenant du *Dieppedalle* en 1900 et, enfin, second du *Quevilly* le 13 juillet 1901. Il quitta le voilier pour prendre le commandement du *Croisset* de 1903 à 1907. C'est avec ce trois-mâts qu'il allait chercher du nickel en Nouvelle-Calédonie. Il prit alors le commandement du *Quevilly* le 2 février 1908 jusqu'en 1909. Il effectua un court voyage sur le pétrolier *Alice* et *Isabelle* pour revenir sur le *Quevilly* jusqu'au 28 avril 1911. Là, il eut l'honneur de superviser la construction du plus grand voilier carré du monde, le *France II*, dont il prit le commandant. Prentout tenait à distinguer son capitaine le plus valeureux pour inaugurer le commandement de l'immense cinq-mâts. Le *France II*, dont on a beaucoup entendu parler, devait être pétrolier, mais Prentout changea d'avis et le cinq-mâts se spécialisa dans le transport des laines d'Australie à partir de 1913, puis dans celui du nickel de Nouvelle-Calédonie. Lagnel en quitta le commandement en décembre 1915 pour aller servir sur des bateaux de guerre où il semblait plus utile à la marine. Il trouva une mort glorieuse à bord de l'*Utrecht*, le 18 mars 1918 ; il coula en effet avec son navire torpillé par un *U-Boot*. Son corps fut retrouvé quinze jours plus tard. D'après sa famille, sa femme ne reçut qu'une pension de veuve de simple matelot jusqu'en 1932, et quand son fils s'aperçut que la pauvre femme était gravement spoliée depuis de nombreuses années, elle lui répondit : "*Une femme de marin ne réclame pas !*"

L'entrée dans le port de Dieppe faisait sensation. On distingue la foule le long des quais.

Les cartes du *Quevilly* à Dieppe sont très nombreuses mais aussi parmi les plus belles. Les touristes parisiens débarquant des trains de plaisir achetaient en masse ce genre de documents. La cheminée de la chaudière est visible sur le château central du voilier. Il fallait que toute source de chaleur soit éloignée des *cofferdams* remplis de pétrole. Prentout et le capitaine Cousin édictèrent ce règlement : "*Pour la sécurité du personnel, il est expressément interdit de fumer sur le pont et dans toute autre partie du navire non désignée par le commandant. Tout homme pris sur le pont ou dans tout autre endroit soit avec une pipe, un cigare ou une cigarette, même non allumé sera sévèrement puni. Il est également défendu d'introduire à bord ni allumettes ni autre matière inflammable, une mèche spéciale sera installée pour les fumeurs*".

Le commandant Lagnel travaille dans son salon. La photo n'est peut-être pas prise à bord du *Quevilly*, mais le salon est en tout point semblable à celui du pétrolier. Les façades intérieures sont en acajou massif avec des panneaux en bois clair (platane ou sycomore), vernis au tampon. Il est éclairé et ventilé par trois hublots de 300 mm placés sur le tableau arrière et par une claire-voie en bois de tek. On distingue une maquette de trois-mâts au fond à gauche.

Les photographies représentant des femmes embarquant sur des voiliers sont rarissimes. Le capitaine Rault embarqua à plusieurs reprises sa deuxième femme, bien que sa première épouse mourût à bord de l'*Olivier de Clisson*.

IV
La fin d'un monde

La guerre

La Belle Epoque s'estompait peu à peu, mais le *Quevilly* ne changeait guère ! Bien sûr, on avait ajouté ses moteurs mais, fondamentalement, le bateau restait le même. Parfois, au cours d'un carénage, on lui donnait un coup de peinture et c'est ainsi qu'on le vit passer de son blanc originel à des couleurs tirant sur le noir. Les faux-sabords, qui rappelaient symboliquement l'allégeance du navire à la vieille tradition de la marine royale, avaient peu à peu disparu. La course aux armements faisait déjà rage, à partir de 1910, et l'état d'esprit anti-Allemand battait son plein. Ne voyait-on pas éditer des écrits maritimes aux titres évocateurs : "*L'art allemand de se constituer indûment une marine de commerce*". Même si l'Atlantique n'était pas bordée par la ligne bleue des Vosges, l'antagonisme franco-allemand battait son plein sur mer aussi. Quand la guerre éclata, le 3 août 1914, sur mer comme sur terre, on ne demandait qu'à en découdre. Depuis Colbert, la loi exigeait que tous les inscrits maritimes servent sous les ordres de la Marine nationale en cas de guerre. De même, un certain nombre de navires de toutes sortes, mais en principe pas les moins bons, étaient mis à la disposition de la Marine nationale. Sous le n° 145, le *Quevilly* fut donc réquisitionné par les autorités militaires dans la catégorie n° 1, celle "*des paquebots, cargos-mixtes et divers navires de charge ou à passagers*". C'est le 15 octobre 1914, soit au tout début de la guerre, que le *Quevilly* dut se rendre à La Pallice-Rochelle, le lieu de sa réquisition. Mais en fait, La Rochelle n'était pas choisie par hasard car c'est là qu'il venait de désarmer le 23 août précédent.

Le capitaine Rault, qui avait pris la suite du capitaine Lagnel dès 1911, prend alors en main sa destinée pour cette difficile période. Au tout début des hostilités, il est rattaché au port militaire de Rochefort et il devra aller chercher du pétrole aux Etats-

Unis en partant de La Rochelle pour la société Lille Bonnières et Colombes. Si ses attributions ont peu changé, il dépend donc maintenant du ministère de la Guerre, car le besoin de pétrole devient de plus en plus important. Il faut, en effet, alimenter tous les véhicules qui servent au transport des troupes, il est donc vital que des voiliers, tels que le *Quevilly*, continuent leur vocation de transporteur. Les Allemands ont bien compris les enjeux, et une chasse impitoyable commence de ce fait, dont les voiliers sont les principales victimes. La guerre maritime monte alors en puissance tout au long du conflit. C'est à ce moment que les moteurs du *Quevilly* s'avèrent indispensables, car en cas de danger, quand le voilier n'était pas manoeuvrant, il devenait une proie facile pour l'ennemi. Cependant, le *Kaiser* hésite à lancer l'Allemagne dans la guerre sous-marine à outrance. Le torpillage du *Lusitania*, le 7 mai 1915, a poussé un peu les Etats-Unis vers le conflit, ce que l'empereur ne désire à aucun prix. Pourtant, au sein de l'état-major allemand, von Tirpitz insiste pour que son pays se lance dans la guerre sous-marine sans merci.

Le *Quevilly* fait preuve alors de beaucoup de chance, car les voiliers sont les principales victimes de cette guerre. Après avoir subi des avaries causées par un ouragan en septembre 1916, au large de La Pallice, il est conduit aux chantiers de Bordeaux pour être réparé. On profite de cet arrêt forcé pour l'armer, à la demande des armateurs. C'est ainsi que notre paisible bateau de commerce est doté de deux canons de 90 mm à l'avant et d'un canon de 65 mm à l'arrière, qui a été très vite remplacé par un autre canon de 90 mm. Cependant, même si l'équipage est alors renforcé par des hommes de l'armement militaire des bâtiments de commerce, il reste très vulnérable en cas d'attaque. Les militaires embarqués sont un officier fusilier, un matelot fusilier, sept canonniers et un timonier TSF. Les premiers temps sereins, où les pigeons voyageurs faisaient office de porteurs de messages pour monsieur Prentout semblaient bien lointains. Les colombes de la paix s'étaient bien envolées pour le *Quevilly* ! L'énorme difficulté pour le navire résidait dans le fait qu'en cas d'attaque, il devait présenter son arrière le plus vite possible, or sous voiles, les manoeuvres restaient bien lentes, il ne pouvait donc se permettre de changer beaucoup de route sous peine d'être torpillé. De plus, depuis l'installation de ses moteurs, alourdi considérablement, son pont était souvent balayé par la mer, on ne pouvait donc utiliser des canons au mécanisme trop compliqué, car ils auraient été détériorés rapidement par l'eau de mer. Sans compter que la gîte éventuelle déséquilibrait le tir du canon et que le beaupré empêchait de tirer en chasse extrême. Malgré tout, ces renforts rassurèrent les hommes et il put repartir, ainsi armé, vers le Texas inlassablement. En février 1917, l'Allemagne finit par déclarer la guerre sous-marine à outrance, elle lance le slogan de "*guerre sous-marine contre les affameurs de guerre*".

Il faut dire que la Grande-Bretagne parvenait à faire observer un blocus draconien à l'encontre des forces de la Triplice, et les conséquences de ce blocus commençaient à se faire durement sentir par les Allemands. Ces derniers avaient eu beau essayer de lancer des sous-marins de commerce, il devenait vital pour les Allemands de briser cette hégémonie des alliés sur mer. D'autant plus que les Etats-Unis continuaient de livrer du matériel de guerre à la Triple Entente, dans des proportions de plus en plus importantes. Tout cela aboutit à l'entrée en guerre des Etats-Unis en avril 1917. A cette époque, l'Atlantique devient le voyage de tous les dangers pour le beau navire. Mais, pourtant fidèle à ses habitudes, c'est encore lui qui secourut un navire américain torpillé. Le nom de ce navire n'a hélas pas été retrouvé ; par contre, on sait qu'il rebroussa chemin vers La Pallice où il arriva le 6 septembre 1917. Il n'avait plus assez

de vivres pour pouvoir traverser l'Atlantique avec tous ses invités bien involontaires. La situation devenait intenable pour les voiliers : les uns après les autres, ils étaient alors envoyés par le fond, c'est pourquoi le commandement de la Marine décida que, dorénavant, ce type de navire devait être accompagné par des patrouilleurs ou même des sous-marins et qu'il fallait, autant que possible, les réunir en convois.
Le 23 novembre 1917, alors que la guerre sous-marine faisait rage, il fut attaqué au large du phare de la Coubre. Le sous-marin, situé à 700 m du *Quevilly*, lança une torpille venant de tribord arrière, mais heureusement la torpille alla se perdre sous la coque. Aussitôt, les hommes du *Quevilly* ripostèrent au canon, pendant qu'on envoyait un appel radio. Des avions décollèrent aussitôt de La Pallice pour se porter à son secours. L'enseigne de vaisseau René Guilbaud commandait la patrouille, (le grade ne doit pas étonner, à cette époque, l'aviation, qui en était à ses débuts, faisait encore partie de la Marine) et le sous-marin sous les bombardements des appareils ne demanda pas son reste. Le *Quevilly* était sauf, mais l'alerte avait été chaude. Les patrouilleurs escortèrent alors le voilier jusqu'au port de La Pallice. Ce même René Guilbault rentra dans la légende quelques années plus tard, quand il disparut en avion avec Admundsen, le premier homme à avoir atteint le pôle Sud avant le malheureux Scott, en allant porter secours à Nobile, dont le dirigeable venait de tomber près du pôle Nord.
A partir de l'entrée en guerre des Etats-Unis, le *Kaiser* n'avait plus besoin de ménager les Américains. Les propositions de von Tirpitz prévalurent enfin et la guerre sous-marine atteint alors son maximum. Le blocus allié contraignait la marine allemande à l'inaction, mais les *U-Boot* commençaient à réaliser des ravages dans la flotte de commerce alliée. Les ruses de guerre abondèrent alors. Le *Petit Havre*, en 1917, rapporte par exemple qu'au large du Finistère, un sous-marin s'était muni d'une voile pour tromper les voiliers. Quand il était suffisamment près, il lançait ses torpilles. Cependant, un jour, devant la riposte inattendue d'un voilier, probablement en bonne position, le sous-marin fut obligé de plonger sans même avoir le temps de replier sa voile ! Tous les coups étaient bons, et l'art du camouflage devint une véritable spécialité allemande. Le cas le plus célèbre fut celui du corsaire allemand *Seadler*, commandé par le comte Félix von Luckner, surnommé le "diable des mers". Ce grand marin n'hésita pas pour forcer le blocus allié en haute mer à camoufler son terrible *Seadler* en paisible voilier norvégien. Il porta l'art du camouflage jusqu'à habiller en femme un marin, pour mettre en confiance les voiliers alliés.
De la sorte, von Luckner parvint à tromper maints voiliers dans les parages de l'Atlantique sud, puis après avoir doublé le Cap Horn, dans le Pacifique, il continua sa terrible chasse. Le *Quevilly* n'eut pas la malchance de tomber dessus ni sur les autres corsaires allemands camouflés : le *Vineta*, le *Payme* et le *Wolf*, mais, par contre, de nombreux bateaux sur lesquels avaient déjà embarqué des marins du *Quevilly* furent pris ainsi dans le piège des corsaires. C'est ainsi que le *Charles Gounod*, le *Dupleix* et même l'*Antonin*, qui ressemblait tant au *Quevilly*, furent envoyés par le fond par le rusé von Luckner. A lui seul, le *Seadler* coula 14 voiliers en une campagne. Les grands voiliers inadaptés à une guerre trop moderne pour eux payaient cher leur tribut. Sous les coups de *U-Boot*, la plus grande compagnie de voiliers français, A. D. Bordes de Dunkerque, perdit 22 de ses voiliers sur 46 pendant les années du conflit. Les voiliers, proies trop faciles pour les sous-marins, avaient alors tendance à éviter de prendre la mer. A tel point que le commissaire aux transports maritimes finit par faire parvenir cette note aux directeurs de l'inscription maritime des ports, le 2 novembre 1918, soit

La guerre sous-marine s'intensifiant, il fallut souvent faire naviguer les voiliers en convoi et sous escorte. Attaqué par un sous-marin, le *Quevilly* ne dut son salut qu'à la fuite. Le capitaine Rault fit forcer les voiles et permit ainsi à son navire de se mettre hors d'atteinte. Pourtant le tiers des voiliers de commerce fut envoyé par le fond par les sous-marins allemands.

9 jours avant l'Armistice : "*Les voiliers dont les noms suivent : Hermine, Saint-Michel, Rubis, Newburgh, Creuse, Cher et Meuse, sont particulièrement signalés à l'attention de MM les directeurs de l'inscription maritime. Pourvus de licences de navigation pour le transport du charbon d'Angleterre en France, ces voiliers sont trop facilement immobilisés dans les ports français au détriment des intérêts généraux du pays. Il convient de veiller et de donner des ordres dans ce sens à ce que aussitôt déchargés et lestés (ou chargés de poteaux), ils repartent en Angleterre par le plus prochain convoi. Vous voudrez bien me rendre compte sous le présent timbre et jusqu'à nouvel ordre des dates d'arrivées en France et de départ de ces navires*".

On voit bien ici, que même sous la protection d'un convoi, les capitaines des voiliers hésitaient à prendre la mer, le risque étant trop fort. Le *Quevilly* passa dans les mailles du filet, mais la situation devenait bien difficile pour le voilier. Le courtier maritime, monsieur Deshayes, qui avait pour charge de défendre les intérêts des armateurs du voilier, n'avait de cesse de réclamer une protection pour le voilier. On le voit ici, dans une lettre datée du 22 mars 1916, demander une escorte au contre-amiral Didelot : "*Les armateurs vous seraient reconnaissants, étant donné la nature du chargement et la vitesse réduite de ce navire, de bien vouloir faire donner des ordres pour que le Quevilly soit surveillé lors de son arrivée au large de l'Irlande et convoyé si possible jusqu'au Havre, pour éviter qu'il ne soit torpillé par les ennemis. Lorsque le cinq-mâts France, appartenant aux mêmes armateurs, vint en Angleterre, il y a quelques temps, l'amirauté anglaise le fit également surveiller et convoyer du large à Glasgow. Vous remerciant...*"

L'Atlantique fut alors jugée moins dangereuse pour le bateau que la Manche, car c'est surtout là que sévissait les fameux *U-Boot*. En effet, leur rayon d'action restait très limité, car les sous-marins ne pouvaient emporter qu'un faible chargement de carburant. Or les Allemands manquaient de bases pour se ravitailler dans l'Atlantique. Cela ne les empêchait pas d'y faire de nombreuses incursions. Les besoins en carburant se faisaient de plus en plus lourds, les pétroliers voyaient leur rôle devenir essentiel

Le *Diane*, que l'on voit ici, avait pour charge de protéger le *Quevilly*. Il fut coulé par un sous-marin allemand.

pour alimenter les efforts de guerre. Tous les pétroliers alliés furent alors réquisitionnés, y compris les rares voiliers affectés à ce transport. Seuls 42 voiliers, y compris les plus petits, pouvaient transporter le pétrole, mais parmi ceux-ci le *Quevilly* faisait figure de géant. C'est ainsi que la marine marchande signa un accord avec les autorités américaines pour que le *Quevilly* soit affecté à la base des Açores, sous le commandement direct de l'amiral Dunn. Fait curieux, le navire devenait l'unique voilier placé sous autorité américaine, tous les autres étant des vapeurs. En janvier 1918, le quatre-mâts devenait donc station citerne à Puerta Delgada. Il allait ainsi ravitailler en essence les navires de commerce comme les navires de guerre. Mais le jour même de son départ pour les Açores, il faillit, une fois de plus, être envoyé par le fond. Le 31 janvier 1918 il avait quitté La Pallice pour la route du Nord, son intention était de bénéficier de vents favorables au nord pour ensuite redescendre aux Açores. Comme cela devenait de plus en plus l'habitude, il était escorté par un sous-marin français, le *Diane*, commandé par le lieutenant de vaisseau Henri Joseph Le Masme. Le *Diane* était un sous-marin de série semblable aux *Méduse*, *Antiope*, *Amazonie*, *Orphée* et bien d'autres encore. En principe, une vingtaine d'hommes servait sous les ordres de Le Masme. Après avoir bénéficié de forts vents qui le poussèrent vers la côte américaine, le 10 février à 23 h, le *Quevilly* fut agité par une secousse terrible. Il marchait à ce moment-là à 9 noeuds alors que le *Diane* le suivait à environ 700 m. Immédiatement, ce fut le branle-bas de combat mais la nuit ne permettait pas de repérer l'agresseur. Le commandant Rault fit amener alors toutes les voiles possibles, le salut ne résidait que dans la fuite face à un ennemi insaisissable. Dans la nuit noire, les hommes du *Quevilly* entendirent une nouvelle explosion, très sourde, qui venait de son arrière. Une fumée sinistre et des flammes affleurèrent sur la mer, le *Diane* venait d'exploser, en tentant de sauver le *Quevilly*. Sans demander son reste, le grand voilier

Le destin le plus fréquent des voiliers était de couler. Les tempêtes avaient souvent raison de ces bateaux, soit près des côtes comme sur ce document, soit parfois loin de tout. Le navire perdu corps et biens, ne laissait alors aucune trace.

cingla vers sa base et les hommes, le coeur lourd, parvinrent enfin à Puerta Delgada, le 21 février 1918. Pour une fois, ce n'est pas le *Quevilly* qui avait sauvé des hommes et il était même la cause bien involontaire de ce sacrifice. Les Américains utilisèrent alors le bateau jusqu'à la fin des hostilités et ils rendirent un vibrant hommage au voilier, le jour où celui-ci put enfin goûter la paix retrouvée en France.

Pour son retour à Rouen, en 1919, la Ligue maritime française décida que les élèves du lycée Jeanne d'Arc seraient les marraines du *Quevilly*. C'est ainsi que le grand peintre de marine Haffner réalisa une aquarelle du voilier sous voiles, qui devait figurer dans la salle d'honneur de l'établissement. On a perdu trace de cette aquarelle, par contre Haffner en fit une carte postale par la suite. Mais les hommages avaient beau faire, les belles années du voilier allaient bientôt trouver leur terme.

La fin de la marine à voiles

La Grande Guerre, la "der des der", fut aussi un fameux gâchis pour la marine à voiles. L'Europe venait de se suicider au profit des Etats-Unis et les épouvantables pertes dues à la guerre se firent aussi sentir lourdement dans le recrutement des marins. Constituer des équipages avait toujours été difficile, mais à partir de 1918 cela relevait de l'exploit.
Les causes de la disparition de la marine à voiles après la Première Guerre mondiale sont bien connues, mais on peut succinctement les rappeler. Tout d'abord, les voiliers payèrent leur lourd tribut à la guerre sous-marine. On l'a dit, plus d'un tiers des voiliers coulèrent corps et biens sous les coups des *U-Boot*. Proie fragile, face aux bateaux à moteur, la belle flotte de commerce à voiles fut envoyée par le fond.
De plus, en 1914, l'ouverture du canal de Panama rendait caduque la difficile route du Horn, on n'avait plus besoin de contourner le continent américain. Le vieux rêve de Ferdinand de Lesseps, avorté dans un scandale énorme, devenait enfin réalité. Cependant, le canal restait difficile d'accès aux voiliers qui ne pouvaient s'y mouvoir sans l'aide d'un remorqueur. Faute de place, ils ne pouvaient y manoeuvrer, c'est pourquoi les bateaux à moteur prenaient tout à coup un avantage décisif sur les voiliers dans cette partie du monde. De plus, la guerre avait tristement perfectionné les machines et les navires à moteur devenaient de plus en plus efficaces face aux voiliers qui étaient arrivés depuis longtemps au maximum de leurs possibilités.
Mais surtout, les temps avaient beaucoup changé, on s'éloignait de plus en plus vite de la France ouvrière de Zola, les hommes commençaient à refuser d'être exploités trop violemment. Comme par hasard, c'est à cette époque que se structure le monde ouvrier, après le congrès de Tours entre la SFIO et le tout jeune parti communiste, en janvier 1921. Même la Marine, pourtant traditionnelle dans ses rapports sociaux, commençait à supporter la contestation. Peu à peu, au début du siècle, on voit les marins prendre en main leur avenir professionnel. Ces hommes profondément individualistes souhaitent, avec l'arrivée du moteur, que leurs conditions de travail ressemblent de plus en plus à celles des ouvriers d'usines. D'ailleurs, longtemps à bord du *Quevilly* les chauffeurs-mécaniciens forment un monde à part dans ce petit univers. Mieux payés, bénéficiant de plus de temps libre que les simples matelots, ces hommes posent crûment aux marins de la voile la question "*Pourquoi tant de travail, pour si peu ?*". La réponse vient d'elle-même, les marins commencent à s'intéresser à leur sort. Par exemple, on relève dans *la Dépêche de Rouen* du 23 mai 1907 cet article révélateur : "*Deux cents personnes dont quelques dames avaient répondu hier soir, à l'appel du syndicat des inscrits maritimes du port de Rouen. Le capitaine Bonhomme, délégué du comité national des gens de mer expose la justesse des revendications des inscrits. Il rappelle que la caisse des invalides de la mer a presque été vidée et qu'ils veulent qu'on les rembourse. Ce qu'ils demandent est juste et raisonnable, il faut qu'ils l'obtiennent. La seule arme des inscrits sera la grève générale qui doit être organisée pour durer peu car elle provoquera de nombreuses misères. Il traite ensuite longuement de la question de la nourriture à bord. Il assure que le jour prochain où le signal sera donné par le comité national, tous quitteront le bord et ne le réintégreront que lorsque le gouvernement leur aura accordé la pension de 600 francs*".
La question des salaires aussi occupait toute sa place. Il faut bien reconnaître que le métier "ne payait pas". Ainsi, en 1922, alors que le *Quevilly* vient juste de désarmer

définitivement, un marin ordinaire ne touche que 150 francs et un maître d'équipage 385. Pourtant, sur le *Quevilly*, le salaire est nettement supérieur, si on en croit les derniers armements de 1919 et 1920. Les mousses reçoivent 115 francs, les novices 180 francs et les matelots 220 francs. Le maître d'équipage, pour sa part, reçoit 500 francs. Ces salaires, relativement élevés par rapport aux autres marins, doivent s'expliquer dans les difficultés à recruter des équipages de voilier. Cela ne doit pas cacher les écarts de salaires énormes avec les gradés, car le capitaine Rault touche 1 000 francs par mois plus 2 % sur le fret brut qu'il partage avec le second et le lieutenant. Or, ce pourcentage représentait souvent bien plus que le salaire de base. Par exemple, une lettre des armateurs Leroux et Heuzey adressée à l'administrateur de l'inscription maritime le 24 juin 1921, laisse apparaître l'importance de ce pourcentage : "*En réponse à votre demande du 12 écoulé, nous avons l'honneur de vous informer que le montant des profits accessoires acquis par le capitaine Rault du 28/8/1919 au 20/9/1920 s'est élevé à 74 657,50 francs*".

Sur 13 mois, le capitaine parvenait à quintupler sa solde grâce à la commission sur le fret. De même, le second, Raphaël Krarups, est engagé en 1919 à 1 000 francs par mois, mais il opte très vite pour un salaire ramené à 650 francs, augmenté de 20 % de la commission allouée au capitaine. Même chose pour le lieutenant qui, engagé à 600 francs, passe à 500 francs plus 10 % de la commission du capitaine. On est donc frappé par l'extraordinaire écart de revenu entre les gradés et les simples hommes d'équipage. Malgré tout, du 28 septembre 1920 au 5 octobre 1921, c'est-à-dire au moment de la dernière année du *Quevilly*, les profits du capitaine tombent à 62 850 francs, cette baisse sérieuse de revenu prouve que les affaires vont mal. La crise du fret touche de plein fouet la marine à voiles qui n'avait pas besoin de ça. D'autant plus que les conquêtes sociales s'étendent enfin au monde de la mer. Si le droit de grève reste exclu étant donné les conditions particulières de ce métier, les idées de repos hebdomadaire prennent enfin forme. Si *le Yacht*, en 1904, se pose la question : "*Quand les équipages embarqués au long cours jouiront-ils du repos hebdomadaire*", il n'en déplore pas moins les nouvelles contraintes de ce début de siècle. "*Autrefois, peu importait la vitesse, les aléas de la voile, la concurrence était faible. Un capitaine était toujours le bienvenu et les armateurs réalisaient de gros bénéfices. Les frais généraux restaient peu élevés, l'entretien de l'équipage peu onéreux, c'est pourquoi on respectait le repos du dimanche. On réduisait les manoeuvres au strict nécessaire et dans les ports le déchargement était suspendu. Aujourd'hui, avec la fièvre des affaires, les navires passent le moins de temps possible à la mer, ils relâchent dans le temps minimum et la concurrence est acharnée*". *Le Yacht* expliquait donc que l'armement restait farouchement hostile à toute réglementation. Pourtant, en Allemagne, le repos hebdomadaire était inscrit dans les lois dès 1902 et les matelots allemands touchaient des heures supplémentaires. Après la guerre, le repos hebdomadaire fut enfin institué sur les bateaux et les marins reçurent de plus en plus régulièrement des heures supplémentaires. Mais, le coup le plus dur pour les voiliers fut l'observation de la loi des 8 h. Enfin, on commençait à aligner les conditions de travail des marins sur celles des ouvriers. La loi votée en 1920 fit passer le nombre de l'équipage du *Quevilly* de 36 hommes en moyenne en 1919 à 45 hommes, en 1920.

Bien sûr, le surcroît social remettait complètement en cause la rentabilité du navire elle-même. A partir d'octobre 1920, le *Quevilly* embarqua ses 45 hommes qui se retrouvaient parfois à 44 ou même à 40, car les difficultés de recrutement s'accentuèrent. Le nombre des marins ne pouvant grandir miraculeusement, la crise du recrutement devint intense. On voit par exemple une observation sur le rôle de désarmement du 5 octobre 1921 ainsi libellée : "*Expédié exceptionnellement avec deux officiers de pont en dehors du capitaine*". Il est clair que les conditions d'exploitation d'un voilier tel que le *Quevilly* devenaient particulièrement difficiles. On observe même le capitaine Rault, à la recherche d'officiers dans les ports, se voir retourner toujours la même réponse : "*Aucun officier disponible pour embarquer sur le Quevilly*". Tous les marins avisés, simples matelots ou officiers, avaient compris que les temps avaient changé et que le moment était venu de passer à la marine à vapeur. De plus, la crise du fret touchait à son paroxysme à ce moment là, pour l'ensemble des navires de commerce. Ainsi, en 1922, 29 navires furent désarmés à Rouen. Bien sûr, les moins rentables, les plus fragiles se devaient de disparaître les premiers. C'est alors que les voiliers, les uns après les autres, furent désarmés et, après un certain temps, envoyés à la casse. Le canal de la Martinière, à Paimboeuf, devint le célèbre cimetière à bateaux de nos derniers voiliers. *Le Journal de Rouen* du 22 avril 1923 déclare : "*La belle flottille de voiliers disparaît petit à petit. Les voiliers Seine, construit en 1899 jaugeant 3 104, tonneaux et Reine-Blanche, construit en 1896 jaugeant 1 854 tonneaux, ont été vendus à une maison espagnole qui les fera transformer en pontons, ils seront remorqués à Bilbao*". Le *Quevilly*, pour sa part, rallia le quai du duc d'Albe à Croisset, le 5 octobre 1921, et, pour la dernière fois, l'équipage le déserta, le laissant sous la protection de deux marins qui en assuraient la maintenance. On l'a vu, le grand quatre-mâts avait vécu ses heures glorieuses, les Norvégiens allaient alors en prendre possession définitivement.

Au départ de New York, le *Quevilly* dans le canal Ambrose part au moteur pour son dernier voyage vers Rouen en octobre 1920.

Le *Quevilly* devient le *Déodata*

En cette année 1921, la voile est bien morte, à tel point que quand le grand *France II* s'échoue, on ne cherche même pas à le sauver, tant les conditions d'exploitation des voiliers sont devenues aléatoires. Même si quelques voiliers parcourent encore les mers après la guerre, leur rôle devient tout à fait négligeable, tout du moins en France. Une fois vendu aux Norvégiens, le *Quevilly* entama une nouvelle carrière mais en tant que bateau à moteur, ce n'est donc plus notre propos ici. Tous les mâts furent arasés, à l'exception des deux premières parties du mât de misaine et du mât d'artimon qui servaient dorénavant à porter les feux de sécurité, la radio et les couleurs du bateau. Quant aux deux grands mâts, ils furent abattus. Seule leur base subsista pour aider à la manutention à bord. Deux moteurs diesel de 2 000 chevaux remplacèrent les poussifs moteurs du *Quevilly*. En 1933, un journal belge relate, sans complaisance, la transformation du voilier : "*Ce n'était pas, comme on pourrait croire, un de ces petits voiliers, possédant maintenant un moteur auxiliaire. C'était bien un grand voilier long-courrier ayant gardé extérieurement son ancien aspect, mais devenu à présent un pétrolier à moteurs, un vrai motor-tanker comme disent les listes de classification. Pour parfaire cette métamorphose on l'avait en effet "arrangé". On a, en un mot, enlevé ce qui devait absolument disparaître, mais pas un brin de plus, et sans faire en conséquence la moindre modification qu'aurait dicté un minime souci d'esthétique. Des quatre mâts le grand mât avant et le mât d'artimon (donc les 2e et 4e) ont été abattus. Le mât de misaine et le grand mât arrière (donc 1er et 3e) sont restés. Ceux-ci sont encore munis de leurs anneaux, ferrures supportant autrefois les vergues etc... mais sont dépourvus des mâts de perroquets qui ont été remplacés par un cône ou pain de sucre difforme, muni d'une pomme de mât et aux lignes aussi fines que mon genou plié. Le mât d'artimon voit sa place prise par une petite cheminée contenant les échappements des moteurs devant laquelle on a construit une passerelle très peu élevée. Le grand mât avant est remplacé par une longue et mince cheminée complétée par un tuyau latéral en coude, d'une élégance telle qu'on serait tenté de faire des mains et des... coudes pour écarter cette horreur. La partie du mât de beaupré dépassant la guibre a été sciée. Les ancres de l'ancien modèle sont restées. Ce spécimen dont, à notre humble avis, on peut tout au plus dire qu'il est curieux, est le pétrolier norvégien Déodata. Mais son ancien nom figure partout d'une manière beaucoup plus apparente que le nouveau, car les lettres sont en relief et on n'a pas jugé nécessaire de les enlever ; seul le temps s'est chargé d'en faire tomber une par-ci par-là, permettant toutefois de lire très nettement Quevilly... Sa propreté et son bon entretien ne compensent pas, à nos yeux, la décrépitude de son aspect*".
En fait, seul l'arrière du bateau évoquait encore le voilier d'antan, c'est vraiment d'un autre navire qu'il s'agissait maintenant. D'ailleurs, le jour de son départ de Rouen en 1924, personne ne vint lui rendre les honneurs. Les Rouennais ne reconnaissaient pas leur enfant dans ce navire ordinaire, d'ailleurs, qui se préoccupait des voiliers à cette époque ? A partir de là, le *Quevilly* servit à des tâches diverses. Il fut affecté dans un premier temps au transport des huiles de baleines. La Norvège, spécialisée dans la pêche à la baleine, utilisa le *Quevilly* pour entreposer diverses marchandises. En 1926, il fut enfin débaptisé et prit le nom de *Déodata*. A partir de 1928, le *Déodata* fut à nouveau vendu à une autre compagnie norvégienne, la Hannevig SR Asgardstrand, et

il prit pour port d'attache : Horten.
Enfin, dans les années trente, il navigua à nouveau en Méditerranée et entre Batum et Constanza dans la mer Noire. Le solide bateau vécut encore deux collisions, une le 17 janvier 1929 contre le *Chartirdag* et une autre dans le Bosphore, le 11 avril 1929, contre le navire turc le *Ordu*. Malgré cela, il n'en continua pas moins sa carrière ! Son dernier retour à Rouen s'effectua en mai 1934 où il chargea du pétrole, mais bien peu de Rouennais ce jour-là reconnurent leur *Quevilly*. Symboliquement, c'est à ce moment-là que les dockers rouennais, à l'instar des dockers de Séville, refusèrent de décharger un navire allemand portant la croix gammée.
Le vent mauvais commençait à souffler à nouveau sur le monde, le *Déodata* qui en avait vu d'autres ne put s'en remettre. La guerre venait d'être déclarée depuis un mois seulement quand, le 28 septembre 1939, le *Déodata* ex-*Quevilly* partit pour son dernier voyage. Il quitta Constanza en Roumanie au bord de la Mer Noire où il venait chercher du pétrole mais bizarrement il était vide. Le commandant Christiansen, qui conduisait le *Déodata* depuis plus de 10 ans, dirigeait un équipage de 24 hommes, des Norvégiens pour la plupart à l'exception de deux Roumains. Le 18 octobre, le *Déodata* atteignit le détroit de Douvres où il se mit à l'ancre pour le contrôle.
Le lendemain, il appareilla sur les rives de la Tamise où il attendit l'autorisation de repartir pour Grangemouth en Ecosse. Le 20 octobre, Christiansen reçut l'autorisation de poursuivre son voyage mais, très vite, un avis de la sécurité maritime anglaise lui parvint. On le mettait en garde contre des mines qui avaient été mouillées quelques temps auparavant. Le samedi 21 octobre 1939, à 7h 20, une terrible explosion ébranla le *Déodata* suivie, 10 minutes plus tard, par une autre explosion sur la partie arrière. Le navire était atteint aussi en son milieu, envahi par les flammes et la fumée.
Le commandant Christiansen se tenait sur le pont, accompagné de son second Bredesen. Les deux canots de sauvetage volèrent en éclats et les hommes se retrouvèrent prisonniers du navire. Heureusement, deux navires anglais, le *Loch Melforth* et le *Windwood* qui croisaient par là n'eurent aucune difficulté pour sauver la totalité de l'équipage. C'est pourquoi le commandant récupéra le livre de bord et tous les papiers intéressants le navire.
Une demi-heure seulement après les explosions, les ballasts 1, 3 et 5, crevés, causèrent le naufrage du navire. A 1 mile 1/2 de Inner Dowsing, non loin du bateau-feu, celui qui s'était appelé le *Quevilly* coula à pic. Cinq hommes étaient blessés. Le cuisinier Huseby, le bosco Gabrielsen, le matelot léger Orjansen, le graisseur Olsen et le Roumain Farkas Desiderius. Ils furent immédiatement évacués à l'hôpital de Great Yarmouth. Le *Déodata* gît donc par 56°1 de latitude nord et 3°46 de longitude ouest, tout près de la côte.
La commission d'enquête accrédita tout d'abord la thèse que le *Déodata* avait sauté sur une mine. Mais le doute s'installa quand les témoins insistèrent sur le fait qu'il y avaient eu deux explosions à 10 minutes d'intervalle. L'idée qu'une torpille envoyée par un *U-Boot* avait eu raison du bateau devenait de plus en plus crédible. En fait, le doute subsiste encore aujourd'hui et il faudrait plonger sur l'épave pour en avoir le coeur net. De façon certaine, on sait que le *U19*, dirigé par le commandant Meckel, avait mouillé des mines à cet endroit, quatre jours auparavant, le 17 novembre. En revanche, les archives de la marine allemande affirment qu'à leur connaissance il n'y a pas eu de torpille tirée ce jour-là dans cette région.
Cependant, on ne comprend toujours pas aujourd'hui l'origine de cette deuxième explosion. C'est sur ce petit mystère que le *Quevilly* nous quitta après près d'un demi-

siècle de bons et loyaux services. Ce bateau qui traversa tous les dangers de la Première Guerre mondiale en tant que voilier fut un des tous premiers à couler au début de la Seconde Guerre mondiale, sous pavillon neutre de surcroît.
Dernier clin d'oeil du *Quevilly* aux Rouennais, le 1er novembre 1945, le premier bateau accostant au port de Rouen, à peine dégagé des terribles bombardements de la libération, s'appelait le *Skarv*. Or, ce bateau appartenait à l'armateur norvégien Otter, ce même homme qui présida la commission d'enquête du naufrage du *Déodata*.

Le *Quevilly* est dénaturé en 1923. Les mâts coupés, il devient un cargo à moteur sous le nom de *Déodata*.

Bibliographie

Monographie de monsieur Druet-Lebas, bibliothèque de Grand-Quevilly.
Les derniers cap-horniers français et les premiers pétroliers à voiles, Louis Lacroix, 1942.
Grands voiliers français : 1880-1930, Jean Randier, Ed. des Quatre Seigneurs.
Les grands voiliers, Oliver Allen, Ed. Time-Life.

Archives :
Riksarkivet, Oslo.
Archives départementales de Seine-Maritime.
Affaires maritimes de Rouen.
Service historique de la Marine de Brest.
Service historique de la Marine de Cherbourg.
Service historique de la Marine de Rochefort.
Service historique de la Marine du château de Vincennes.
Dossier "Le Quevilly" caractéristiques techniques, bibliothèque de Grand-Quevilly.
Répertoire du bureau Véritas.
Musée de la marine de Paris.
Musée maritime et fluvial de Rouen.

Journaux :
La Dépêche de Rouen.
Le Petit Rouennais.
Le Petit Phare du Havre.
La Vigie de Dieppe.
Le Journal de Rouen.
Le Yacht (numéros de 1897 et 1903).
Le Moniteur de la Flotte.
Le Journal de la Marine Marchande.
Le Moniteur Maritime, 1897.

Divers articles sur le *Quevilly* :
L'épopée du Quevilly, monsieur Druet-Lebas, bulletin municipal de Grand-Quevilly (n° 73 à 77).
Connaissance de Dieppe, août 1985.
Terre Normande, monsieur Biette, mars-avril 1947.
Les moteurs du Quevilly, La Nature, août 1911.
Svensk Sjöfarts Tridning, 1973.